William Shakespeare

Coriolano

Tradução de
Barbara Heliodora

© 2004, by Barbara Heliodora
(Heliodora Carneiro de Mendonça)

Editora Nova Aguilar S.A.
Rua Dona Mariana, 205 - casa 1
Botafogo - 22280-020 - Rio de Janeiro - Brasil
Tel./Fax: (021) 2537.8275 – 2537.7189
e-mail: aguilar@iis.com.br

Capa:
VICTOR BURTON
Diagramação:
JÚLIO FADO
Revisão tipográfica:
ANA-MARIA BARBOSA
HELENA MOLLO

CIP-BRASIL. CATALOGAÇÃO-NA-FONTE
SINDICATO NACIONAL DOS EDITORES DE LIVROS, RJ.

S539c

    Shakespeare, William, 1564-1616
    Coriolano / William Shakespeare ; tradução de Barbara Heliodora. — Rio de Janeiro : Lacerda Ed., 2004
216p.:

    Tradução de: *Coriolanus*
    ISBN 85-7384-104-4

    1. Teatro inglês (Literatura). I. Heliodora, Barbara. II. Título.

04-1699.   CDD 822
                                                   CDU 821-111-2

Introdução

Coriolano, de 1608, é a última das dez tragédias que Shakespeare escreveu, e podemos encontrar no conjunto de sua obra nada menos do que três peças diferentes que possam ser usadas como fontes ou, pelo menos, como referências dramáticas. Como fonte de conteúdo, há o querido volume das *Vidas Paralelas*, de Plutarco, brilhantemente traduzido para o inglês por *Sir* Thomas Norton, em 1576, com o título de *The Lives of the Noble Grecians and Romans*, já usado para *Júlio César* e *Antônio e Cleópatra*. Caio Márcio, a que foi acrescentado o nome "Coriolanus" em função de sua famosa vitória sobre os Corioli, viveu no início do séc. V a.C.

São poucas as informações concretas que se tem a respeito da vida do protagonista dessa última tragédia, e boa parte do que se sabe a seu respeito vem de tradições ou lendas, todas elas seguidas por Shakespeare para armar seu enredo. Um grande general, Coriolano era notório pelo desprezo que nutria pelo povo. Não conseguiu ser eleito cônsul exatamente por isso, foi banido de Roma em 491, e só abandonou o projeto de invadir Roma, como comandante dos Corioli, atendendo a um pedido de sua mãe.

São esses, exatamente, os fatos cobertos pela ação da tragédia, porém tais fatos adquirem vasta dimensão, graças à profundidade da retratação do protagonista. Vivendo durante o período republicano de Roma, Coriolano expressa, a um só tempo, a própria essência dos mais caros valores romanos militares e viris, bem como o perigo de seus excessos. Órfão desde cedo de um grande general romano, Caio Márcio é criado pela mãe, Volúmnia, para seguir os passos do pai; e não parece impossível que resida aí a fonte de todos os seus problemas, ou seja, nessa tentativa que faz Volúmnia de suprir a lacuna deixada pela morte do marido. A visão que tem uma mulher dos valores masculinos é, necessariamente, uma visão enganada; tudo é levado ao exagero, ao por demais rígido, já que se trata não de uma visão naturalmente vivida, mas, antes, do que foi aprendido de ouvido, não muito bem compreendido. Mais grave ainda é o que, graças a tal atitude, fica faltando de contribuição materna, de flexibilidade, de compaixão.

O resultado acaba sendo o que Shakespeare sempre condenara: a justiça sem misericórdia. Como sua formação vem da visão deformada que tem Volúmnia, sua mãe, dos valores romanos, Coriolano acaba dando mais valor à forma do que ao conteúdo, ao código de honra de um militar romano do que ao ser humano. Sendo incapaz de respeitar todos aqueles que ele julga não estarem à altura de seu nível social e de sua bravura, ou seja, quase a totalidade dos romanos, a tragédia nos mostra que os excessos de sua formação o tornam, em última análise, mau cidadão. Voltado exclusivamente para os valores guerreiros, Coriolano perde, e com justiça, a oportunidade de ser cônsul. Também perde-a pelo desrespeito com que trata o cidadão comum: até mesmo a caminho do Senado, onde seria confirmado, o general só quer ser informado sobre questões militares. Esse é o modo encontrado por Shakespeare para provar sua inadaptação aos valores e interesses civis.

É interessante notar que, homem de seu tempo, Shakespeare não está, com a figura de Coriolano, atacando toda a aristocracia romana, mas sim os abusos da visão pessoal dele. Nem tampouco está o poeta defendendo essa mesma aristocracia, pois há muito de ironia na personalidade de Menênio Agripa, o senador que, sendo tão preconceituoso quanto Coriolano, tenta sempre se fazer simpático e afável para com o povo. A peça abre com um levante popular provocado pela fome e pelos abusos da classe dominante; Menênio Agripa, sempre ansioso por se fazer popular, conta a fábula do corpo, que retrata a sociedade como um corpo humano, com a elite pensante ficando na cabeça, o Senado arrebanhando os bens gerais na barriga, a fim de distribuí-los "com sabedoria" por toda a população, sendo que o povo, que é o dedo do pé, receberá o que é considerado correto.

O levante inicial da peça é bem diferente do levante de *Júlio César*, onde uma população só pensa na festa e no feriado, sem pensar na razão para o triunfo de César, ou do levante da segunda parte de *Henrique VI*, onde o ignorante John Cade quer ser rei, fazer "a medida de três copos (de cerveja) [...] conter dez copos" e alguém acaba condenado à morte só por saber ser. Em *Coriolano* o povo está fazendo um protesto, que pode acabar em levante, por estar passando fome. O alvo principal da revolta é justamente Caio Márcio, o maior responsável por ser mantido um preço alto para o trigo armazenado, acima das possibilidades do povo, mesmo quando os armazéns estão superlotados. Caio Márcio pensa no povo como um bando de mendigos preguiçosos e malcheirosos, tratando-os por isso mesmo com total desrespeito.

A desmedida do caráter de Caio Márcio é destacada em dois extremos: sua bravura ímpar o faz entrar sozinho na cidadela dos Corioli e derrotá-los (quando então recebe o nome de Coriolano), mas por outro lado, quando o povo lhe recusa o cargo de cônsul, ao ser banido ele vai imediatamente unir-se a Aufídio, seu maior inimigo, no intento de marchar contra Roma e aniquilar a cidade e seus moradores. Não pode haver dúvida, porém, que Shakespeare tem a fábula do corpo humano como válida, e como a essência da necessidade de ordem e hierarquia na sociedade. O poeta viveu em época dominada ainda pela noção do "encadeamento dos seres", que vem da Antigüidade, e que estabelece que tudo tem seu lugar determinado em uma cadeia que vai do leão à lesma, do ouro à poeira, do anjo ao homem e ao animal – sendo que dentro dela os homens terão também sua hierarquia própria. Ter privilégios, no entanto, significa ter também grandes responsabilidades; e em uma visão paternalista, como era a do tempo de Elizabeth, o poderoso tem de zelar pelo fraco, não apenas dominá-lo e, muito menos, humilhá-lo.

Volúmnia, a mãe de Caio Márcio, é a matrona romana tornada mais poderosa e ditatorial por sua enganada ambição de substituir o marido morto na educação do filho. Vaidosa de cada cicatriz de batalha ostentada por Coriolano, no final ela se dará conta do que fez. Seu apelo ao filho para que não ataque Roma é uma das grandes falas femininas de Shakespeare, porém chega tarde demais, e sua nova postura faz com que aquele a quem ensinou a nunca vergar quebre. Coriolano assimilou de forma total o que Volúmnia lhe ensinou e passou a vida toda, como diz com ironia Aufídio, pensando não em Roma, mas apenas em se provar ante sua mãe. E quando essa mesma mãe, que o fez o que é, de repente espera que ele refaça todos os seus valores, Coriolano simplesmente se desintegra, espera que Aufídio aceite sua mudança de última hora, e morre por isso. De certo modo, essa morte é a salvação dele, pois nunca aprendeu a viver nos termos que agora todos querem que ele aceite.

Coriolano não mostra só o erro que destrói um homem, mas o perigo, para toda uma nação, de códigos radicais que desrespeitem qualquer segmento da sociedade humana.

Barbara Heliodora

Coriolano

Dramatis Personae

CAIO MÁRCIO, mais tarde CAIO MÁRCIO CORIOLANO.

TITO LÁRCIO
COMÍNIO } generais contra os vólcios.

MENÊNIO AGRIPA, amigo de Coriolano.

SICÍNIO VELUTO
JÚLIO BRUTUS } tribunos do povo.

JOVEM MÁRCIO, filho de Coriolano.

UM ARAUTO ROMANO

NICANOR, um romano.

TÚLIO AUFÍDIO, general dos vólcios.

TENENTE DE AUFÍDIO

CONSPIRADORES COM AUFÍDIO

ADRIANO, um vólcio.

UM CIDADÃO DE ANZIO

Dois Guardas Vólcios

Volúmnia, mãe de Coriolano.

Virgília, mulher de Coriolano.

Valéria, amiga de Virgília.

Aia servindo Virgília

Senadores romanos e vólcios, Patrícios, Edis, *Lictors*, Soldados, Cidadãos, Mensageiros, Criados de Aufídio e outros Servos.

A cena: Roma e adjacências, Corioli e adjacências, e Anzio.

Ato I

Cena I

(Entra um grupo de Cidadãos amotinados, com ferramentas, maças e outras armas.)

1º CIDADÃO
Antes de irmos adiante, deixem que eu fale.

TODOS
Fala, fala.

1º CIDADÃO
Estão todos aqui resolvidos a morrer, antes que passar fome?

TODOS
5 Estamos resolvidos. Resolvidos.

1º CIDADÃO
Para começar, sabem que Caio Márcio é o principal inimigo?

TODOS
Sabemos, sabemos.

1º CIDADÃO
Vamos matá-lo, pois teremos então trigo ao nosso preço. É esse o veredicto?

TODOS
Chega de falar. É fazer e pronto. Vamos! Vamos!

2º CIDADÃO
Uma palavra, bons cidadãos.

1º CIDADÃO
Somos tidos como maus cidadãos, os patrícios como bons. Se eles nos cedessem apenas o que para eles é sobra, enquanto está saudável, poderíamos julgar que nos aliviavam por humanidade. Mas nós valemos muito para eles. A magreza que nos aflige, a nossa miséria concreta, são uma espécie de inventário que dá conta detalhada de sua abundância. O nosso sofrimento é ganho para eles. Vinguemo-nos de tudo isso com nossas pás antes que eles nos transformem em dentes de ancinhos. Pois os deuses sabem que digo isso por fome de pão, não por sede de vingança.

2º CIDADÃO
Pretende agir especialmente contra Caio Márcio?

TODOS
Primeiro contra ele. Para o povo ele é um cão feroz.

2º CIDADÃO
Levaram em conta os serviços que ele prestou ao país?

1º CIDADÃO
Levamos; e ficaria satisfeito em dar-lhe boa nota por isso, se ele não pagasse a si mesmo com seu orgulho.

2º CIDADÃO

    Não, não fale com malícia.

1º CIDADÃO

    Pois eu lhe digo que tudo o que ele fez de bom foi só para esse fim. Embora os que não pensam possam contentar-se em dizer que tudo foi pela pátria, ele fez tudo para dar satisfação à mãe e, em parte, por seu orgulho, que ainda é maior do que suas virtudes.

2º CIDADÃO

    O que ele não pode evitar em sua natureza você chama de vício. Mas você não pode dizer que ele seja ganancioso.

1º CIDADÃO

    Se não puder, não vão me faltar acusações. Ele tem defeitos demais para se gastar tempo com repetições.
(Ouvem-se gritos fora.)
    Que gritos são esses? O outro lado da cidade levantouse. Por que ficamos nós aqui tagarelando? Para o Capitólio!

TODOS

    Vamos! Vamos!

1º CIDADÃO

    Quietos, quem vem lá?

(Entra Menênio Agripa.)

2º CIDADÃO

    O honrado Menênio Agripa, que sempre amou o povo.

1º CIDADÃO
> Este é bastante honesto. Quem dera que o resto fosse assim!

MENÊNIO
> O que é que estão fazendo? Pr'onde vão
> 50 Com paus e pás? Que foi? Por favor, digam.

1º CIDADÃO
> Nosso assunto não é desconhecido no Senado. Há quinze dias que eles têm indícios de nossas intenções, e agora vamos mostrá-las com nossos atos. Eles dizem que pobre que pede tem muito fôlego. Pois agora vão
> 55 aprender que também temos braços fortes.

MENÊNIO
> Ora, mestres, amigos, bons vizinhos,
> Querem perder-se?

1º CIDADÃO
> É impossível. Já estamos perdidos.

MENÊNIO
> Amigos, é cuidado caridoso
> 60 O que os patrícios nutrem por vocês.
> Mas pelo que hoje sofrem nesta crise,
> Tanto faz que esses paus batam nos céus
> Quanto em Roma, que sempre há de trilhar
> Seu caminho, e quebrar dez mil bridões
> 65 De elos mais fortes que jamais terão
> Os que ora ostentam. Quanto à má colheita,
> Os deuses, não os nobres, é que a fazem,

E só joelhos, não armas, ajudam.
Esta calamidade os leva, assim,
70 Pr'onde há piores, e inda caluniam
Os pilotos da pátria, pais zelosos
Até quando chamados de inimigos.

1º CIDADÃO
Mas cuidado conosco? Grande verdade! Eles jamais se importaram conosco. Deixam-nos passar fome, com os
75 armazéns atulhados de grãos; fazem leis sobre usura que apóiam os usurários; anulam diariamente toda lei saudável passada contra os ricos, e a cada dia anunciam estatutos mais rígidos para acorrentar e cercear os pobres. Se as guerras não nos engolirem, eles o farão; e é esse o
80 amor que eles têm por nós.

MENÊNIO
Vocês precisam
Admitir que são muito maliciosos,
Ou serão acusados de loucura.
Vou contar uma história bonitinha,
85 Já conhecida, mas que vem ao caso,
E não cansa com o uso.

1º CIDADÃO
Está bem, eu vou ouvir. No entanto, não pense em apagar nossa desgraça com uma anedota. Por favor, vá falando.

MENÊNIO
90 Certa vez todos os membros do corpo,
Em revolta, acusavam a barriga

>   De, como um golfo, ela ficar sozinha
>   Sem fazer nada, no meio do corpo,
>   Sempre a guardar reservas de comida
> 95   Sem trabalhar; os outros, instrumentos,
>   Olham, ouvem, pensam, andam, sentem,
>   E participam todos no atender
>   Aos apetites e afeições comuns
>   Ao corpo todo. Responde a barriga...

1º CIDADÃO

> 100   Como é, senhor, o que responde a pança?

MENÊNIO

>   Vou-lhes dizer, senhor. Com um sorriso
>   Que não saiu do peito, mas saiu —
>   Notem que essa barriga não só ri
>   Como fala também, e respondeu
> 105   Às partes revoltadas por inveja
>   Do que ela guarda. Assim também vocês
>   Caluniam aqui os senadores
>   Só por não serem iguais a vocês.

1º CIDADÃO

>   Resposta de barriga. Não é?
> 110   A cabeça coroada, o olho alerta,
>   O sábio coração, o braço-tropa,
>   Perna-cavalo e língua de trombeta,
>   Com mais apoios e ajudazinhas
>   De nosso todo, se fossem...

MENÊNIO

>   O quê?
> 115   Pois, ora, o homem fala! Então? Daí?

1º CIDADÃO

    Presos pela avareza da barriga,
    A cloaca do corpo...

MENÊNIO

                E, bem, daí?

1º CIDADÃO

    Se os que antes agiam se queixassem,
    Que resposta ela teria?

MENÊNIO

                  Eu lhes digo.
120   Se me dão um pouquinho do bem pouco
    De paciência que têm, conto a resposta.

1º CIDADÃO

    Mas leva tempo.

MENÊNIO

               Ouça bem, amigo.
    Ao contrário do afã dos atacantes,
    A barriga responde após pensar:
125   "É bem verdade, amigos tão unidos,
    Que eu recebo de início os alimentos
    Que os mantêm vivos, o que é justo e certo,
    Pois sou do corpo o armazém e a loja,
    E os mando, pelos rios de seu sangue,
130   À corte-coração, ao trono-cérebro.
    Todos os cantos e tendões do homem,
    Do maior nervo à mais humilde veia,
    De mim recebem a ração normal

    Com a qual vivem. Se não podem todos." —
135   Isso diz a barriga, amigos; notem...

1º CIDADÃO
  'Stá bem, senhor.

MENÊNIO
      "E se não podem todos
  Ver o que entrego eu a cada um,
  Posso eu contar tudo, pra que todos
  De mim tenham de volta todo o trigo,
140   Só me deixando o joio." O que me dizem?

1º CIDADÃO
  É uma resposta. E o que diz isso a nós?

MENÊNIO
  Os senadores são essa barriga,
  Vocês os revoltosos. Se examinam
  Os cuidados que têm e compreendem
145   Tudo o que toca o bem comum, verão
  Que não recebem benefício público
  Que não proceda deles pra vocês,
  E não de vocês mesmos. Que me diz
  Você, dedão do pé desta assembléia?

1º CIDADÃO
150   Eu, o dedão? Por que dedão do pé?

MENÊNIO
  Porque dentre os mais vis, torpes e pobres
  Desta sábia revolta, vai na frente,
  Cão de péssimo sangue pra caçar,
  Só vai na frente em busca de vantagens.

155   É melhor preparar seus paus e varas;
Roma e seus ratos estão querendo luta,
E um lado perde.
(*Entra Caio Márcio.*)
                    Salve, nobre Márcio!

MÁRCIO

Obrigado. O que há, ralé briguenta,
Que coçam o pensar até virarem
Uns coscorões.

1º CIDADÃO
160   Boas palavras, sempre.

MÁRCIO

Quem for gentil com vocês só bajula
O que há de vil. O que querem, cachorros,
Que não amam paz nem guerra. Uma assusta,
Outra os leva a gabar-se. Quem espera
165   Que se afirmem leões, encontra lebres;
Raposas, gansos. São tão firmes, todos,
Quanto a brasa no gelo, ou o granizo
Que fica ao sol. Vocês acham virtude
Fazer herói o transgressor punido,
170   Maldizer a justiça. O que tem mérito
Ganha seu ódio; as suas preferências
São fome de doente, que só tem desejos
Pelo que lhe faz mal. Quem depender
Do seu favor voa co'asas de chumbo,
175   Derruba troncos com palha. Que morram!
Confiar em quem muda a toda hora?
Quem chama nobre ao seu ódio de ontem

        E vil quem coroou? Qual a razão
        De em pontos espalhados na cidade,
180   Se esgoelarem contra o bom Senado
        Que mantém quietos, no temor dos deuses,
        Os que sem ele iriam se engolir
        Uns aos outros? O que é que estão buscando?

MENÊNIO

        Trigo a seu preço, pois garantem eles
        Que a cidade tem muito.

MÁRCIO

185   Tem? Que morram!
        Sentados junto ao fogo ousam saber
        Que faz o Capitólio, quem tem chances,
        Quem 'stá por cima, quem caiu; grupelhos
        Inventam casamentos, tornam fortes
190   Partidos, que enfraquecem e espezinham
        Com as solas remendadas. Muito trigo!
        Quem dera que a nobreza, sem piedade,
        Me permitisse usar a minha espada,
        Esquartejando escravos aos milhares,
195   Fazendo um monte maior que uma lança.

MENÊNIO

        Não, estes já 'stão quase convencidos,
        Pois se têm grande falta de critério,
        Lhes sobra covardia. Mas me diga
        Que diz o outro grupo?

MÁRCIO

                      Está disperso.

200 Que morram! Choram fome, citam motes
Que a fome fura muros, que os cães comem,
Que carne é pras suas bocas, e que os deuses
Não dão trigo só pros ricos. Tais trapos
Abanam suas queixas que, atendidas,
205 Assim como uma petição — estranha,
Pois é golpe mortal contra a nobreza
E deixa exangue o poder — jogam longe
Os gorros, como se pr'os pendurar
Lá nos cornos da lua, e cada um
Gritando mais que o outro.

MENÊNIO
210   O que lhes deram?

MÁRCIO
Cinco tribunos eleitos por eles
Pra defender sua sabedoria.
Júlio Brutus é um, outro é Veluto —
Sei lá! Malditos! Ficaria Roma
215 Arrasada e sem tetos antes que eu
O aprovasse. Com o passar do tempo
Esse poder aumenta e inda provoca
Mais brigas e levantes.

MENÊNIO
                        Mas que estranho.

MÁRCIO
Vão embora pra casa, seus frangalhos!

(*Entra um Mensageiro apressado.*)

MENSAGEIRO
> Onde está Caio Márcio?

MÁRCIO
220   O que quer de mim?

MENSAGEIRO
> Novas, senhor; os vólcios estão em armas.

MÁRCIO
> Que bom. Vamos ter meios de livrar-nos
> De mofo inútil. Eis nossos edis.

(*Entram Comínio e Tito Lárcio, com outros Senadores; Júlio Brutus e Sicínio Veluto.*)

1º SENADOR
> É bem verdade o que nos disse, Márcio:
> Os vólcios 'stão em armas.

MÁRCIO
225   Com um líder
> O Túlio Aufídio, que os fará saltar.
> Eu peco ao invejar sua nobreza,
> E, pra ser algo que não fosse eu,
> Quereria ser ele.

COMÍNIO
> Já lutaram!

MÁRCIO
230 Se em um mundo lutando em dois partidos
> Ele fosse do meu, eu me insurgia

Pra fazer guerra a ele. É um leão
Que me orgulho em caçar.

1º SENADOR

                      Pois, nobre Márcio,
Sirva junto a Comínio nestas guerras.

COMÍNIO

Como já prometera.

MÁRCIO

235   Eu sei, senhor,
E cumpro o que afirmei. Tu, Tito Lárcio,
Hás de ver-me atacar inda uma vez
O rosto desse Túlio. Quê? 'Stás frio?
Foges da luta?

LÁRCIO

          Nunca, Caio Márcio,
240 Prefiro uma das mãos numa muleta,
E uma pra lutar, a desistir
De tal empresa.

MENÊNIO

        Isso é sangue puro!

1º SENADOR

Vá com seus homens para o Capitólio,
Onde estão seus amigos.

LÁRCIO (*para Comínio*)

             Vá na frente.
245 (*para Márcio*) Siga Comínio. Nós o seguiremos.
O valor vai na frente.

COMÍNIO

    Nobre Márcio!

1º SENADOR (*para os Cidadãos*)
    Vão para casa.

MÁRCIO

    Não; que eles nos sigam.
Têm muito trigo os vólcios. Que esses ratos
Vão roer seus tesouros.
250   Revoltosos valentes, ora sigam-me.

(*Os Cidadãos se esgueiram para sair.*)
(*Saem os Patrícios. Ficam Sicínio e Brutus.*)

SICÍNIO
    Já houve alguém com o orgulho de Márcio?

BRUTUS
    Não tem igual.

SICÍNIO
    Quando o povo de nós fez seus tribunos...

BRUTUS
    Notou os seus olhares e os seus lábios?

SICÍNIO
255   Não; mas notei o tom das ironias.

BRUTUS
    Quando irritado, nem os deuses poupa.

SICÍNIO
    Caçoa da modesta lua.

BRUTUS

    Pois que a guerra o devore! O orgulho, agora,
    É maior que a bravura.

SICÍNIO

                    E natureza
260   Assim, bem-sucedida, faz bem pouco
    Da sombra que pisou ao meio-dia.
    O meu espanto é que a sua insolência
    Inda aceite o comando de Comínio!

BRUTUS

    A fama, que já tem e é o que quer,
265   É presa bem mais fácil pra quem fica
    Abaixo do primeiro: o mau sucesso
    Pesa no general, mesmo que este
    Faça o que possa um homem, e os mais tolos
    Gritam logo por Márcio: "Ah, se ele
    Tivesse comandado..."

SICÍNIO

270   E indo bem,
    A voz geral, que adora Márcio, rouba
    O mérito do bom Comínio.

BRUTUS

                    Vamos.
    A metade das honras de Comínio,
    Vão pra Márcio sem mérito, e os defeitos
275   Em Márcio viram honra, muito embora
    Não a mereça.

SICÍNIO

        Vamos, para ouvir
Como sai o despacho; e de que modo,
Fora os dotes pessoais, ele prepara
A ação que se anuncia.

BRUTUS

280 Vamos logo. (*Saem.*)

Cena II

(*Entra Túlio Aufídio com Senadores de Corioli.*)

1º SENADOR

    A sua opinião, então, Aufídio,
É que Roma infiltrou as nossas hostes
E sabe nossos planos.

AUFÍDIO

              Não concorda?
O que jamais pensamos, neste Estado,
5 E pudemos dar corpo antes que Roma
'Stivesse pronta? Não há quatro dias
Que tive novas; dizem — creio eu
Ter a carta comigo — sim, está aqui:
"Armaram uma tropa, sem saber
10 Se para leste ou oeste. A fome é grande,
O povo se amotina; e há boatos
Que Comínio, seu inimigo Márcio

    (Que mais que você mesmo Roma odeia)
    E Tito Lárcio, romano valente,
15 São os três chefes do que se prepara,
    Contra quem for: você, provavelmente.
    Pense nisso."

1º SENADOR
       Nossa tropa está pronta.
    Sempre esperei por Roma preparada
    Pra responder-nos.

AUFÍDIO
         Porém nunca achou
20 Tolice disfarçar os nossos planos
    Até que fossem óbvios. Mas parece
    Que Roma os viu chocando, e aproximou
    Demais o nosso alvo, o de tomar
    Muitas cidades quase antes que Roma
    Soubesse nossos passos.

2º SENADOR
25   Nobre Aufídio,
    Aceite a comissão, busque seus bandos;
    Nós sozinhos guardamos Corioli.
    Se fazem cerco, para levantá-lo
    Traga sua tropa; porém há de ver
30 Que eles não 'stão preparados pra nós.

AUFÍDIO
    Não o duvidem; falo de certezas.
    Mais: parte das tropas deles partiu
    E vem pra cá. Agora vou deixá-los.

Se acaso eu encontrar com Caio Márcio,
35 'Stá jurado entre nós que não paramos
Até que um não agüente.

TODOS

                    Vá com os deuses!

AUFÍDIO

Que eles os guardem sempre.

1º SENADOR

                    Adeus.

2º SENADOR

                    Adeus.

TODOS

Adeus. (*Saem.*)

Cena III

(*Entram Volúmnia e Virgília, mãe e mulher de Márcio. Sentam-se em dois bancos e cosem.*)

VOLÚMNIA

Eu lhe peço, filha, que cante ou se expresse de forma mais reconfortante. Se meu filho fosse meu marido eu acharia mais fácil alegrar-me com a ausência que lhe trouxesse honra do que nos abraços de seu leito, onde
5 ele mais amor demonstraria. Quando ele ainda tinha o corpo delicado e era o único filho de meu ventre; quando a juventude com sua beleza atraía para ele

todos os olhares; quando nem todo um dia de rogos de um rei venderia qualquer mãe uma hora de distância de seu desvelo; eu, levando em consideração como a honra seria desejável para uma tal pessoa — que não valeria mais do que um retrato pendurado na parede se o renome não lhe trouxesse vida — tive prazer em deixá-lo buscar perigo onde era provável que encontrasse fama. Mandei-o para uma guerra cruel, de onde voltou com a fronte coroada de louros. Eu lhe digo, filha, não saltei mais de alegria com a primeira notícia de que tinha um filho macho do que na primeira vez que ouvi que se provara um homem.

VIRGÍLIA

Mas se ele morresse na empresa, senhora, o que então aconteceria?

VOLÚMNIA

Então a boa reputação teria sido o meu filho; nela eu teria encontrado minha realização. Ouça-me proclamá-lo sinceramente: tivesse eu uma dúzia de filhos, e amando a todos igualmente, nenhum menos querido que o seu e meu Márcio, preferia que morressem onze nobremente pela pátria a ver um que na volúpia do conforto fugisse à ação.

(*Entra uma Aia.*)

AIA

Minha ama, a senhora Valéria chegou para visitá-la.

VIRGÍLIA

Imploro que me dê licença para retirar-me.

VOLÚMNIA

      Mas decerto que não.
      Penso ouvir o tambor de seu marido;
      Veja-o puxando os cabelos de Aufídio
      Como faz uma criança a um urso,
35   E os vólcios fugindo dele. Já o vejo
      A bater e gritar: "Vamos, covardes,
      Concebidos no medo, muito embora
      Tenham nascido em Roma." A testa em sangue
      Co'a mão armada limpa, e indo em frente
40   Como quem na colheita é obrigado
      A ceifar tudo ou perder o salário.

VIRGÍLIA

      A testa em sangue? Sangue não, por Júpiter!

VOLÚMNIA

      Mas que tola! Ele cai melhor num homem
      Que o ouro do troféu. O seio de Hécuba
45   Amamentando Heitor não foi tão belo
      Quanto a testa de Heitor a cuspir sangue
      Na espada grega que menosprezava.
      Diga a Valéria que nós a aguardamos.

(*Sai a Aia.*)

VIRGÍLIA

      O céu proteja o meu senhor de Aufídio!

VOLÚMNIA

50   Ele há de levar Aufídio ao chão
      E pisar-lhe o pescoço.

(*Entra Valéria com um Criado e uma Aia.*)

VALÉRIA
    Minhas senhoras, bom-dia a ambas.

VOLÚMNIA
    Doce amiga.

VIRGÍLIA
    É um prazer vê-la, senhora.

VALÉRIA
55   Como estão ambas? Proclamam-se agora verdadeiras donas-de-casa. O que estão costurando? Palavra que o bordado é muito fino. Como está seu filhinho?

VIRGÍLIA
    Eu lhe agradeço, senhora; muito bem.

VOLÚMNIA
    Prefere ver espadas e ouvir tambores a olhar para seu
60   mestre-escola.

VALÉRIA
    Palavra que é bem filho do pai dele! Mas garanto que é um menino muito bonitinho. Juro que na quarta-feira fiquei a olhar para ele uma meia hora: tem semblante tão resoluto. Eu o vi correr atrás de uma borboleta dourada,
65   e quando a apanhou a deixou ir-se de novo, e tornou a correr, caiu de pernas para o ar, levantou-se de novo, e tornou a apanhá-la: e talvez porque o tombo o deixasse zangado, ou por outro motivo, trincou os dentes e rasgou-a em pedaços. Digo-lhe que a estraçalhou!

VOLÚMNIA
70   Tem repentes como os do pai.

VALÉRIA
> Não há dúvida de que seja uma criança nobre.

VIRGÍLIA
> Um azougue, senhora.

VALÉRIA
> Vamos, deixem de lado a agulha; hoje quero que brinquem de donas-de-casa preguiçosas comigo.

VIRGÍLIA
75 Não, boa senhora, não hei de sair de casa.

VALÉRIA
> Não sai de casa?

VOLÚMNIA
> Há de sair, há de sair.

VIRGÍLIA
> Tenham paciência, mas não saio mesmo; não cruzarei esse portal enquanto o meu senhor não voltar da
80 guerra.

VALÉRIA
> Ora essa, não é razoável tal confinamento. Vamos, tem de ir visitar a boa amiga que está de resguardo.

VIRGÍLIA
> Desejo que recobre logo as forças e visito-a em minhas orações; porém não posso ir até lá.

VOLÚMNIA
85 E por que não? Quero saber.

VIRGÍLIA
> Não para poupar trabalho, e nem por falta de carinho.

VALÉRIA

Quer ser uma nova Penélope; no entanto dizem que todo o fio que fiou na ausência de Ulisses só serviu para encher Ítaca de traças. Vamos, quem dera que sua cambraia fosse tão sensível quanto seu dedo, para que parasse de furá-la por piedade. Vamos, deve ir conosco.

VIRGÍLIA

Não, boa senhora, perdoe-me; na verdade são sairei.

VALÉRIA

Na verdade, ora, venha comigo que lhe darei excelentes novas de seu marido.

VIRGÍLIA

Boa senhora, ainda não pode haver nenhuma.

VALÉRIA

Em verdade não estou brincando. Chegaram novas dele ontem à noite.

VIRGÍLIA

Verdade, senhora?

VALÉRIA

Falando sério, é verdade; ouvi um senador comentando. São as seguintes: os vólcios estão com um exército em armas, contra o qual partiu o General Comínio, com parte de nossa tropa romana. O seu senhor e Tito Lárcio estão postados diante da cidade de Corioli; sem dúvida triunfarão, fazendo guerra breve. Palavra de honra que isso é a verdade e, portanto, peço que vá conosco.

VIRGÍLIA

Se me excusar desta vez, senhora, hei de obedecê-la em tudo o mais daqui por diante.

VOLÚMNIA

Deixe-a para lá, senhora; do jeito que está, só servirá
110 para estragar nossa alegria.

VALÉRIA

Na verdade parece-me que sim. Passe bem, então. Vamos, minha doce amiga. Por favor, Virgília, ponha sua tristeza porta afora, e acompanhe-nos.

VIRGÍLIA

Numa palavra, não, madame; na verdade não posso.
115 Desejo-lhes um bom divertimento.

VALÉRIA

Então, adeus. (*Saem.*)

Cena IV

(*Entram Márcio, Tito Lárcio, com tambores e bandeiras, acompanhados por Capitães e Soldados, como se diante da cidade de Corioli. Para eles, entra um Mensageiro.*)

MÁRCIO
　　Novas. Aposto que já se encontraram.

LÁRCIO
　　Nossos cavalos?

MÁRCIO
　　　　　　'Stá feito.

LÁRCIO
　　　　　　　　Concordo.

MÁRCIO
　　O general já encontrou o inimigo?

MENSAGEIRO
　　'Stão se vendo, mas inda não falaram.

LÁRCIO
　　Ganhei o bom cavalo.

MÁRCIO
5　　　　　　　　Então o compro.

LÁRCIO
　　Não o vendo nem dou. Posso emprestá-lo.
　　Por meio século. Convoquem todos.

MÁRCIO
    'Stão longe as tropas?

MENSAGEIRO
            Só a milha e meia.

MÁRCIO
    Dá para ouvirmos o alarma um do outro.
10 Marte, eu imploro, agora faz-nos ágeis
    Pra marcharmos co'espadas fumegantes
    No auxílio dos nossos. Soem, trompas!
    (*Toque de parlamentação. Entram dois Senadores, com outros, nas muralhas de Corioli.*)
    Está Aufídio dentro das muralhas?

1º SENADOR
    Não, nem ninguém que o tema menos que ele:
    O que é menos que pouco.
    (*Soam tambores, fora.*)
15   Esse rufar
    Traz nossa juventude. Escaparemos
    Antes que aqui nos prendam. Nossas portas
    Que vêem fechadas, têm trancas de palha
    E se abrem sós. Escutem, bem ao longe!
    (*Ouve-se fora um alarma.*)
20 É Aufídio. Escutem os estragos
    Que faz em sua tropa bipartida.

MÁRCIO
    Já lutam!

LÁRCIO
            É o sinal! Para as escadas!
    (*Entra o Exército dos vólcios.*)

40

MÁRCIO
        Não nos temem, e avançam da cidade.
        Cubram co'escudo o coração e lutem
25   Com corações mais fortes que escudos.
        Vai, Tito; eles nos desprezam mais
        Do que julgamos, e eu suo de raiva.
        Vamos, amigos; mas quem recuar
        Tomo por vólcio e sentirá meu gume.
        (*Alarma. Os Romanos são empurrados de volta para suas trincheiras. Entra Márcio, imprecando.*)
30   Que o contágio do sul pegue vocês,
        Ó vergonhas de Roma! Gado! Espero
        Que se cubram de pústulas pra que,
        Sejam abominados e infectem
        Só pelo cheiro um ao outro! São gansos
35   Que com forma de homens se escafedem
        Ante escravos que até macacos vencem!
        Feridos por detrás, com as costas rubras
        E o rosto pálido de medo e fuga!
        Avante, ou juro que largo o inimigo
40   Pra guerreá-los. Vão em frente. Alerta!
        Se ficam firmes nós os despachamos
        Pras mulheres, ficando para nós
        As trincheiras. Sigam-me!
        (*Novo alarma e Márcio os segue até os portões.*)
        Abriram-se os portões. Mostrem que ajudam!
45   Pr'os que seguem a Fortuna os abriu,
        Não pr'os que fogem. Façam como eu faço!

(*Ele entra pelos portões.*)

1º SOLDADO
        Isso é coisa pra louco! Eu não.

2º SOLDADO
                            Nem eu.

(*O portão fecha-se, com Márcio do lado de dentro.*)

1º SOLDADO
        Viu, ficou preso.

(*O alarma continua.*)

TODOS
                    E, lá, vai pra panela.

(*Entra Tito Lárcio.*)

LÁRCIO
        Que houve com Márcio?

TODOS
                        Devem ter matado.

1º SOLDADO
50   Seguindo bem de perto os que fugiam,
        Entrou com eles, que de imediato
        Bateram os portões; está sozinho
        Para enfrentar uma cidade inteira.

LÁRCIO
        Esse é um nobre!
55   Vivo, sensível, ousa mais que a espada.
        Ela verga, ele não. Márcio, és único:

Sequer um brilhante, do teu tamanho,
Teria o teu valor. Forte soldado
Qual queria Catão, forte e terrível
60 Não só nos golpes, mas no olhar fatídico.
A percussão do som da tua voz
Fez tremer o inimigo, qual se o mundo
Estivesse febril e sacudisse.

(*Entra Márcio, ensangüentado, perseguido pelo inimigo.*)

1º SOLDADO
Veja, senhor!

LÁRCIO
Ai, é Márcio! E agora
65 Vamos salvá-lo ou sangrar com ele.

(*Eles lutam e todos entram na cidade.*)

Cena V

(*Entram alguns Romanos, com produtos de um saque.*)

1º ROMANO
Isto hei de levar para Roma.

2º ROMANO
Eu levo isto.

3º ROMANO
Raios! Pensei que era prata! (*Saem.*)

(Os alarmas continuam ao longe.)
(Entram Márcio e Tito Lárcio, com um Corneteiro.)

MÁRCIO

    Olhem as formigas-carregadeiras!
5   Seu tempo vale uma dracma furada!
    Coxins, colheres, armas de um tostão,
    Casacos de enforcados que deviam
    Dormir com os donos, é o que essa corja
    Antes do fim da luta já empacota.
10   Que morram! E ouçam só o general!
    A ele! É o meu odiado Aufídio
    A ferir os romanos. Bravo Tito,
    Leve tropa bastante pra guardar
    A cidade, enquanto eu e aqueles
15   Que tiverem coragem acorremos
    Para ajudar Comínio.

LÁRCIO

              Mas, senhor,
    Está sangrando; foi muita violência
    Pra nova luta.

MÁRCIO

            Senhor, não me louve;
    Inda nem esquentei. Que passem bem.
20   Meu sangrar é pra mim medicinal,
    Não perigoso. Eu buscarei Aufídio
    Como estou pra lutar.

LÁRCIO

             Que a bela deusa
    Fortuna, por amá-lo, use encantos

> Que confundam a espada do inimigo!
> 25 Meu bravo amigo, que a Prosperidade
> Seja o seu pajem!

MÁRCIO
> E tão sua amiga
> Quanto dos que mais preza. E agora, adeus.

LÁRCIO
> Ó valoroso Márcio! (*Sai Márcio.*)
> Vai soar a trombeta no mercado;
> 30 Convoca todo oficial da terra
> Para ouvir nossas ordens. Anda. Vai. (*Saem todos.*)

Cena VI

(*Entra Comínio, como se em retirada, com Soldados.*)

COMÍNIO
> Bravos amigos; respirem; nos saímos
> Como romanos, sem bravura tola
> Ou recuo covarde. Podem crer
> Que atacarão de novo. Em nossa luta,
> 5 Ouvimos o ruído periódico
> De assaltos contra amigos. Nossos deuses
> Desejam como seu nosso sucesso,
> Pra que as nossas duas tropas, sorrindo,
> Os louvem na vitória.
> (*Entra um Mensageiro.*)
> Quais as novas?

MENSAGEIRO

10 Saíram os Coriolos pra atacar,
Dando combate a Lárcio como a Márcio.
Vi os nossos forçados pras trincheiras
E então parti.

COMÍNIO

          Embora com verdade,
Não falas bem. Quanto tempo já faz?

MENSAGEIRO

15 Mais de uma hora, senhor.

COMÍNIO

Nem uma milha; ouvimos os tambores.
Como gastou numa milha uma hora
Atrasando a notícia?

MENSAGEIRO

          Espiões vólcios
Me perseguiram. Tive de cobrir
20 Quatro milhas com voltas. De outro modo
Já teria falado há meia hora.

(Entra Márcio.)

COMÍNIO

    Quem vem lá
Com esse aspecto de espancado? Deuses!
Tem o aspecto de Márcio, que eu já vi
Outras vezes assim.

MÁRCIO

25   Eu cheguei tarde?

COMÍNIO
> Não distingue o pastor trovão de um sopro
> Melhor do que eu o som da voz de Márcio
> Da de um outro qualquer.

MÁRCIO
> Eu cheguei tarde?

COMÍNIO
> Sim se não chega em sangue de algum outro
> Mas coberto co'o seu.

MÁRCIO
30 Ah, que eu o envolva
> Em braços sãos como os de meu namoro,
> Ou coração alegre qual, na boda,
> Seguem pro leito as tochas.

COMÍNIO
> Flor das hostes!
> Como está Tito Lárcio?

MÁRCIO
35 Como alguém que se ocupa com decretos:
> Manda alguns para a morte, outros pro exílio,
> Resgata um, tem pena, ameaça um outro;
> Retém em Corioli em nome de Roma,
> Como se fosse um galgo na coleira,
40 Pra prender ou soltar quando quiser.

COMÍNIO
> Que é do escravo que me garantiu
> Que eles os haviam derrotado?
> Onde está? Quero-o aqui.

MÁRCIO

                    Deixe-o em paz,
Disse a verdade; e a não ser os patrícios,
A tropa — raios! E querem tribunos! —
Nem rato corre tanto ao ver um gato
Quantos eles da ralé.

COMÍNIO

                Como venceu?

MÁRCIO

O tempo o dirá? Não o creio.
E o inimigo? Os senhores comandam
O campo, e se não, por que param?

COMÍNIO

Márcio, em desvantagem nós lutamos,
E a retirada é pra atingir o alvo.

MÁRCIO

A tropa deles como está? Já sabem
Onde puseram os que mais confiam?

COMÍNIO

Creio que na vanguarda vão Antíates,
Seu núcleo de esperanças.

MÁRCIO

                    Eu lhe imploro,
Pelas batalhas que lutamos juntos,
Pelo sangue que demos, pelos votos
De amizade perene, que me ordene
À luta contra Aufídio e os Antíates;

Não adie o presente, mas, enchendo
O ar com espadas e lanças que atacam,
Provemo-nos agora.

COMÍNIO

                Embora achando
Melhor para você neste momento
65   Um banho e bálsamos, não ousaria
Negar o seu pedido. Escolha aqueles
Que nesta ação melhor o ajudariam

MÁRCIO

Os mais dispostos. Se há aqui alguém —
E peço se duvido — que ame as cores
70   Que aqui me pintam, e que menos tema
O mal do corpo do que o da má fama;
Alguém pra quem a morte com bravura
Mais que compensa a vida mal vivida,
E ame mais à pátria que a si mesmo,
75   Que ele só, ou aqueles que assim pensam,
Faça sinal pra expressar o desejo
De seguir Márcio.

(*Todos gritam e brandem as espadas.*)

TODOS

Só eu! Faça de mim a sua espada!

(*Eles o carregam, atirando para o ar os seus gorros.*)

MÁRCIO

Se não for aparência, quem aqui
80   Não vale quatro vólcios? De vocês

Quem não carrega, contra o grande Aufídio,
Escudo igual ao dele? Grato a todos,
Devo escolher certo número; e o resto
Provará seu valor em outra luta,
85 Que a causa há de exigir. Agora marchem
E darei breve ordem de comando
Aos que escolher.

COMÍNIO
               Avante, camaradas:
Façam boa figura, pra depois
Compartilhar as honras. (*Saem.*)

Cena VII

(*Tito Lárcio, tendo organizado a Guarda em Corioli, marchando com tambores e trompas na direção de Comínio e Caio Márcio, entra com um Tenente, outros Soldados e um Guia.*)

LÁRCIO
Guardem as portas; cumpram seus deveres
Como ordenei. Se eu o pedir, enviem
Para ajudar-nos os centuriões;
O resto dá pro instante: perdendo
5 O campo vai-se também a cidade.

TENENTE
Não suspeite, senhor, de nosso zelo.

LÁRCIO
Vão-se; e atrás de si fechem as portas.
Guia, pro acampamento dos romanos! (*Saem.*)

50

Cena VIII

(Alarmas, como em uma batalha. Entram Márcio e Aufídio, por portas diferentes.)

MÁRCIO

    Só lutarei contigo, pois te odeio
    Mais que um traidor.

AUFÍDIO

                   Nosso ódio é igual;
    Nem áspide africana eu abomino
    Mais que tua fama e inveja. Firma o pé.

MÁRCIO

5   Que o que mexer morra escravo do outro;
    Maldito pelos deuses!

AUFÍDIO

                   Se eu fugir,
    Que me tomem por lebre.

MÁRCIO

                        Há três horas
    Eu, só, lutei dentro de Corioli
    E fiz o que bem quis: não é meu sangue
10   Que me vês mascarar-me. Pra vingar-te,
    Faz teu supremo esforço.

AUFÍDIO

                   Se tu fosses
    O Heitor de quem descendem os romanos,
    Não poderias ora me escapar.

(*Aqui eles lutam, e certos vólcios vêm em auxílio de Aufídio. Márcio luta até fazê-los recuar para dentro das portas, sem fôlego.*)

Metidos não valentes, me humilharam
15 Com seu maldito apoio. (*Saem.*)

Cena IX

(*Clarinada. Alarma. Toque de retirada. Entram por uma porta Comínio com os Romanos; pela outra porta, Márcio, com um braço na tipóia.*)

COMÍNIO

Se eu te contasse tuas ações hoje
Não as crerias; mas hei de narrá-las
A senadores que hão de rir com lágrimas,
A patrícios atônitos que, ao fim,
5 Hão de aplaudi-lo; a damas, assustadas,
Que alegres te ouvirão; tribunos densos
Que com essa plebe odeiam tuas glórias,
No fundo irão dizer "Graças aos deuses
Roma tem tal soldado."
10 A festa para ti é só um petisco,
Pois já ceaste antes.

(*Entra Tito Lárcio, com sua tropa, vindo da perseguição.*)

LÁRCIO
               General,

Eis o cavalo; todo ajaezado:
Se visses...

MÁRCIO

        Basta, eu peço. Minha mãe,
Com monopólio pra gabar seu sangue,
15 Me constrange ao louvar-me. Fiz aqui
O mesmo que vocês: fiz o que pude;
Como vocês, levado pela pátria.
Todos os que cumpriram seus desígnios
Fizeram mais que eu.

COMÍNIO

        Não hás de ser
20 Tumba de teu valor. Que Roma saiba
O mérito dos seus, pois escondê-los
É mais grave que roubo, e mais traição
Esconder os teus feitos, silenciando
O que gritado do alto do louvor
25 Inda é modéstia. Peço-te, portanto —
Pelo que és, e não pra compensar
Teus feitos — que me ouças ante o exército.

MÁRCIO

Tenho alguns ferimentos que inda doem
Sendo lembrados.

COMÍNIO

        E se assim não fora,
30 Seriam pústulas na ingratidão,
Curando-se com a morte. Dos cavalos —
Contados e cuidados — e de tudo

                    Conquistado no campo e na cidade,
                    Damos-te um décimo, a ser tirado
35   Antes que entre os demais haja partilha,
                    À tua escolha.

MÁRCIO
                                    General, sou grato;
                    Meu coração, no entanto, não permite
                    Suborno à minha espada: ao recusá-lo,
                    Só aceito parte que iguale à daqueles
40   Que viram esse feito.
                    (*Longa fanfarra. Todos gritam "Márcio", "Márcio" e atiram
                    para o alto gorros e lanças: Comínio e Lárcio descobrem-se.*)
                    Que jamais essas trompas profanadas
                    Possam soar! Quando elas e os tambores
                    No campo possam ser bajuladores,
                    Que o falso mande na cidade e corte!
45   Quando o aço for seda de corruptos,
                    Que estes recebam tais louvores! Basta!
                    Por não lavar o meu nariz que sangra,
                    Ou vencer algum débil, qual sem pompas
                    Há muitos que fizeram, sou louvado
50   Com hiperbólicas aclamações
                    Como se me agradasse ver meus feitos
                    Salgados com mentiras.

COMÍNIO
                                    Por modéstia
                    És mais cruel que grato pra com as loas
                    Tão justas que te damos. Com licença,
55   Se contra ti te zangas, te prendemos

(Como ao louco que se fere) em grilhões
Pra conversar mais calmos. Saibam todos,
E o mundo há de saber, que Caio Márcio
Usa a guirlanda da guerra: e pra marcá-lo,
60 Lhe dou o meu cavalo, que conhecem,
Com seus arreios; e de hoje em diante,
Pelo que fez diante de Corioli,
Pelo aplauso da tropa seja dito
Caio Márcio Coriolano!
65 Usa sempre com honra tal cognome!

(*Fanfarra. Trompas e tambores.*)

TODOS
    Caio Márcio Coriolano!

CORIOLANO
                Irei lavar-me;
E só com o rosto limpo é que hão de ver
Se coro ou não; mesmo assim, obrigado.
Cavalgarei o seu cavalo, e sempre
70 Buscando honrar o seu nobre brasão
O melhor que puder.

COMÍNIO
            Pra minha tenda,
Onde, antes do repouso, escreveremos
Sobre o sucesso a Roma. Tito Lárcio,
Tu voltas a Corioli. Manda a Roma
75 Os melhores, para que negociemos
Para o bem nosso e deles.

LÁRCIO

                Sim, senhor.

CORIOLANO

É ironia dos deuses: eu, que agora
Não quis tesouros, devo ora implorar
Do general.

COMÍNIO

           Já é teu. O que queres?

CORIOLANO

80   Outrora me hospedei, em Corioli,
No lar de um pobre que me tratou bem.
Chamou por mim. Vi que está prisioneiro;
Mas tinha então Aufídio ante meus olhos,
Cedendo ao ódio a piedade. Eu só peço
Que o homem fique livre.

COMÍNIO

85   Bem pedido!
Fosse ele açougueiro de meu filho,
E ficaria livre. Solte-o, Tito.

LÁRCIO

Como é seu nome, Márcio?

CORIOLANO

                    Me esqueci!
Estou exausto, a memória cansada;
Não temos vinho aqui?

COMÍNIO

90   Vamos pra tenda.

Está secando o sangue no teu rosto,
É tempo de cuidar-te. Vamos. (*Saem.*)

Cena X

(*Fanfarra. Trompas. Entra Túlio Aufídio, ensangüentado, com dois ou três Soldados.*)

AUFÍDIO
Tomaram a cidade!

1º SOLDADO
Com boas condições é devolvida.

AUFÍDIO
Condições!
Quisera ser romano, pois não posso
5 Sendo vólcio inda ser eu. Condições!
Que boas condições há num tratado
Pra quem perdeu? Por cinco vezes, Márcio,
Lutei contigo, e cinco me venceste;
E farias o mesmo se lutássemos
10 Tantas vezes comemos. Juro agora
Que se outra vez nos virmos, barba a barba,
O mato, ou ele a mim. O meu estímulo
Deixou de ser honroso: pois enquanto
Eu pensava vencê-lo como igual,
15 Espada a espada, hoje busco um caminho,
De raiva ou de esperteza que o alcance.

1º SOLDADO
É um demônio.

AUFÍDIO

    Menos sutil, ousa mais. Seu contato
    Traz-me em eclipse a coragem, mas deixa
20 Brilhar a dele. Nem sono e nem santo,
    Nudez, doença, templo ou Capitólio,
    Prece de sacerdote ou sacrifício —
    Obstáculos da fúria — hão de brandir
    Seus podres privilégios contra o ódio
25 Que nutro a Márcio. Quando o encontrar,
    Até gozando da hospitalidade
    De meu irmão, no meu lar, lavarei
    A minha brava mão no sangue dele.
    Vá à cidade pra ver quem a guarda
30 E quais os que terão de ir a Roma
    Como reféns.

1º SOLDADO

               O senhor não irá?

AUFÍDIO

    Junto aos ciprestes 'stão à minha espera.
    Ficam pro sul — leve-me lá notícias
    De como gira o mundo, pois seu passo
    Comanda-me a jornada.

1º SOLDADO

35   Sim, senhor. (*Saem.*)

Ato II

Cena I

(Entram Menênio, com os dois Tribunos do povo, Sicínio e Brutus.)

MENÊNIO
Diz o encarregado dos augúrios que teremos novas esta noite.

BRUTUS
Boas ou más?

MENÊNIO
Não de acordo com as orações do povo, pois este não nutre amor por Márcio.

SICÍNIO
A natureza ensina os animais a conhecer seus amigos.

MENÊNIO
Por favor, a quem ama um lobo?

SICÍNIO
Ao cordeiro.

MENÊNIO
   Sim, para devorá-lo, como os plebeus famintos gosta-
10 riam de fazer ao nobre Márcio.

BRUTUS
   Um carneirinho que urra como um lobo.

MENÊNIO
   E ele é mesmo um urso, que vive como um carneiro.
   Vocês dois já são velhos: digam-me uma só coisa que
   pergunto.

AMBOS
15 Pois não, senhor.

MENÊNIO
   Qual a abominação que falta a Márcio e que vocês dois
   não tenham em abundância?

BRUTUS
   Ele não é pobre de nenhum defeito, antes bem fornido
   de todos.

SICÍNIO
20 Especialmente de orgulho.

BRUTUS
   E acima de todos em jactância.

MENÊNIO
   Que coisa estranha. Vocês sabem por que razão são
   censurados aqui na cidade, quero dizer por nós, da
   parte da direita? Sabem?

AMBOS
25 Ora essa, por que nos censuram?

MENÊNIO

Porque falam de orgulho agora — não vão ficar zangados?

AMBOS

Ora, senhor, ora, ora.

MENÊNIO

Bem, não tem importância; qualquer oportunidadezinha ladra lhes rouba um monte de paciência. Dêem rédea solta às suas disposições, e fiquem zangados à vontade; pelo menos aceitem tudo para seu prazer em ser assim. Condenam Márcio por ser orgulhoso.

BRUTUS

Não estamos sozinhos, senhor.

MENÊNIO

Sei que podem fazer muito pouco sozinhos, mas têm muitos para ajudá-los, senão suas ações iriam ficar espantosamente únicas: suas capacidades são muito infantis para que façam muita coisa sozinhos. Falam de orgulho. Ai, se pudessem voltar seus olhos para as próprias nucas e fazer um levantamento do interior de vocês mesmos. Se ao menos pudessem!

AMBOS

O que aconteceria então?

MENÊNIO

Ora, então iriam descobrir uma junta de magistrados (aliás tolos) tão sem mérito, orgulhosos, violentos e irritadiços quanto os piores de Roma.

SICÍNIO

    Menênio, Roma também o conhece muito bem.

MENÊNIO

    Sou conhecido como um patrício bem-humorado, que gosta de um copo de vinho quente sem uma gota do Tibre para diluí-lo; acusado de meio imperfeito por dar ouvidos ao primeiro que se queixa, apressado como fagulha à menor provocação; alguém que conversa mais com a rabeira da noite do que com a testa da manhã. O que penso, digo, gastando minha malícia com meu fôlego. Encontrando dois mandõezinhos como vocês — não os posso chamar de Licurgos —, se a bebida que me derem afetar mal meu paladar, torço a cara para ela. Posso dizer que vossas mercês apresentaram muito bem a matéria, onde encontro algo asnático na maior parte das sílabas. E embora tenha de contentar-me em aturar aqueles que dizem que os senhores são homens graves e respeitáveis, mesmo assim são mentirosos de morte os que dizem que têm boa cara. Se virem nisso o mapa de meu microcosmo, segue-se por isso que eu também sou muito conhecido? Que mal podem suas visões ceguetas colher desse caráter, se eu também for muito conhecido?

BRUTUS

    Ora vamos, senhor, nós o conhecemos o bastante.

MENÊNIO

    Vocês não conhecem a mim, a vocês mesmos e nem a coisa nenhuma. Vocês ambicionam os cumprimentos e mesuras de uns pobres coitados: desperdiçam toda uma manhã saudável ouvindo uma causa entre uma vendedora de laranjas e um vendedor de bicas para tonéis, depois adiam uma controvérsia de três vinténs para um segundo dia de audiências. Quando vocês ouvem uma questão entre um querelante e outro sentem cólicas, fazem caretas de palhaço, hasteiam bandeira vermelha contra a paciência e, saindo aos urros em busca de um penico, dispensam a controvérsia ainda sangrando, um pouco mais confusa graças à sua audiência. A única paz que levam à causa é a de chamar ambas as partes de safadas. São uma dupla muito esquisita.

BRUTUS

Vamos, vamos, todos compreendem bem que o senhor é melhor piadista para um jantar do que magistrado no Capitólio.

MENÊNIO

Até nossos sacerdotes teriam de fazer pouco se deparassem com ridicularias como vocês. Quando vocês falam o melhor que podem do que querem, nada vale o quanto sacodem suas barbas; e suas barbas não merecem tumba tão honrada quanto seria o recheio de uma almofada de remendão, nem serem enterradas no arreio de uma besta de carga. Pois mesmo assim ficam dizendo que Márcio é orgulhoso: ele que, na pior das avaliações, vale todos os seus predecessores desde Deucalião, embora seja possível que os melhores dentre esses tenham sido carrascos hereditários. Bom-dia para vossas mercês. Mais conversa sua haveria de infectar meu

cérebro, já que são os pastores daquelas bestas, os plebeus. Tomo a liberdade de deixá-los.
(*Brutus e Sicínio afastam-se para um lado.*)
(*Entram Volúmnia, Virgília e Valéria.*)
Como estão, minhas belas e nobres senhoras — e a lua,
100 se fosse da terra, não seria mais nobre — para onde seguem com tanta pressa o olhar?

VOLÚMNIA

Honrado Menênio, meu menino Márcio se aproxima; por amor a Juno, vamos lá.

MENÊNIO

O quê? Márcio está vindo para casa?

VOLÚMNIA

105 Sim, caro Menênio, e com grandes louvações.

MENÊNIO

Apanhe meu gorro, Júpiter, e muito obrigado. Viva! Márcio de volta à casa?

VIRGÍLIA E VALÉRIA

Sim, é verdade.

VOLÚMNIA

Veja, eis uma carta dele; o estado recebeu outra e sua
110 mulher uma outra; e creio que haverá em sua casa uma também.

MENÊNIO

Hei de fazer a casa tremer logo à noite. Uma carta para mim?

VIRGÍLIA

    Com certeza uma carta para o senhor; eu a vi.

MENÊNIO

115   Uma carta para mim! Me dá sete anos de vida; e nesse tempo todo hei de botar a língua para o médico. A mais soberana das receitas de Galeno não passa de empiricêutica, e comparada com esse fortificante não vale mais que xarope para cavalo. Ele não está ferido?
120   Ele costuma voltar para casa ferido.

VIRGÍLIA

    Ah, não, não, não.

VOLÚMNIA

    Ah, sim, está ferido; eu agradeço aos deuses por isso.

MENÊNIO

    E eu também, se não for muito. Trazendo uma vitória no bolso? Os ferimentos lhe cairão bem.

VOLÚMNIA

125   Na fronte: Menênio, pela terceira vez ele volta para casa coroado de louro.

MENÊNIO

    Ele disciplinou Aufídio o bastante?

VOLÚMNIA

    Tito Lárcio escreve que eles lutaram, mas que Aufídio escapou.

MENÊNIO

130   E bem na hora, isso eu garanto: se ele tivesse ficado por

perto, eu não levava uma aufidiada dessas nem por todas as arcas em Corioli e o ouro que está nelas. O Senado já foi informado disso.

VOLÚMNIA

Vamos, senhoras. Foi, foi, foi. O Senado recebeu cartas
135 do general, nas quais dá a meu filho título de toda a guerra: ele brilhou nesta ação mais que o dobro de todos os seus feitos anteriores.

VALÉRIA

Em verdade, dizem maravilhas dele.

MENÊNIO

Maravilhas! Sim, sim, eu garanto; e não sem que ele as
140 merecesse.

VIRGÍLIA

Que os deuses concedam que sejam verdadeiras.

VOLÚMNIA

Verdadeiras? Ora, ora!

MENÊNIO

Verdadeiras? Eu juro que verdadeiras. Aonde ele foi ferido? (*para os Tribunos*) Deus salve vossas mercês!
145 Márcio está vindo para casa! Com mais razões para orgulhar-se. (*para Volúmnia*) Aonde ele foi ferido?

VOLÚMNIA

No ombro e no braço esquerdo: haverá grandes cicatrizes para mostrar ao povo quando se apresentar para a eleição. Ele recebeu, quando venceu Tarquínio, sete
150 ferimentos no corpo.

MENÉNIO

Um no pescoço e um na coxa — o que faz nove que eu saiba.

VOLÚMNIA

Ele já tinha, antes desta última expedição, vinte e cinco ferimentos recebidos.

MENÉNIO

155 Agora são vinte e sete: e cada talho o túmulo de um inimigo.
(*gritos e uma clarinada*)
Ouçam, as trompas!

VOLÚMNIA

São os arautos de Márcio: diante dele vem o clamor, atrás dele deixa lágrimas;
160 O espírito da morte por seus braços corre
E quando este se estende ou se abate, alguém morre.

(*Um toque. Soam trompas. Entram os Generais Comínio e Tito Lárcio: entre eles, Coriolano, coroado com uma guirlanda de louros, com Capitães, Soldados e um Arauto.*)

ARAUTO

Saiba Roma que Márcio, só, lutou
Dentro de Corioli, tendo ganho
Com a fama um nome para Caio Márcio,
165 Que agora a honra chama Coriolano.
Seja bem-vindo a Roma, Coriolano!

(*clarinada*)

TODOS

    Seja bem-vindo a Roma, Coriolano!

CORIOLANO

    Meu coração se ofende; agora basta
    Por favor, chega.

COMÍNIO

          Veja, é sua mãe.

CORIOLANO

170 Ai, já sei que implorou aos deuses todos
    Por meu sucesso.
    (*Ajoelha-se.*)

VOLÚMNIA

            De pé, meu soldado;
    Meu doce Márcio, valoroso Caio,
    Com novo nome ganho por teus atos —
    Como é? — Devo chamar-te Coriolano?
    Mas tua esposa...

CORIOLANO

175   Meu silêncio, salve!
    Terias rido vendo o meu caixão,
    Se choras no meu triunfo? Ah, querida,
    Viúvas em Corioli têm tais olhos,
    E mães sem filhos.

MENÊNIO

          Que os deuses o honrem!

CORIOLANO

180 Inda vive? (*para Valéria*) Perdão, doce senhora.

VOLÚMNIA
    Nem sei pr'onde virar: bem-vindo ao lar!
    Bem-vindo, general; bem-vindos todos.

MENÊNIO
    Mil vezes bem-vindos. Posso chorar,
    Posso rir, 'stou leve e denso. Bem-vindos!
185 Que a maldição penetre o coração
    De quem não vibra por vê-los! Eis três
    Que Roma deve amar; porém garanto
    Que há muito ramo amargo aqui em casa
    Que não quer enxertar-se em sua glória.
190 Bem-vindos! A urtiga é sempre urtiga
    E tolo faz tolice.

COMÍNIO
               Sempre certo.

CORIOLANO
    Menênio, sempre, sempre.

ARAUTO
    Abram caminho. Em frente.

CORIOLANO
    (*para Volúmnia e Virgília*)
                      As suas mãos!
    Inda antes do repouso no meu lar,
195 Preciso visitar os bons patrícios,
    De quem tive, pr'além das saudações,
    Essas honras recentes.

VOLÚMNIA
               Já vivi

Pra ver concretizados meus desejos,
Reais as minhas fantasias: falta
200 Apenas uma coisa que, estou certa,
Nossa Roma há de dar-te.

CORIOLANO

            Saiba, mãe,
Que prefiro servi-los do meu modo
Que do deles mandar.

COMÍNIO

           Pro Capitólio!

(Fanfarra, trompas. Saem com pompa, como antes.)
(Brutus e Sicínio avançam.)

BRUTUS

Todos só falam dele, e vistas turvas
205 Botam óculos pra vê-lo. As babás
Deixam gritar bebês, só pelo encanto
De falar dele. A escrava da cozinha,
Com um lenço no pescoço fedorento,
Sobe o muro pra vê-lo: vãos, janelas,
210 'Stão entupidos. Tetos e beirais
São cavalgados por feições e cores
Que só concordam no desejo firme
De querer vê-lo. Sacerdotes raros
Se empurram co'o povão, fazendo força
215 Pra pegar um lugar. Damas veladas
Põem em guerra o branco adamascado
De seus rostos pintados com os abusos
Do beijo em chamas de Febo. Um tal frêmito,

Qual se, seja qual for, o deus que o guia
220 Matreiro entrasse em sua forma humana
Pra dar-lhe graça e porte.

SICÍNIO

Logo, logo,
O vejo cônsul.

BRUTUS

Nossa autoridade,
Com ele no poder irá dormir.

SICÍNIO

Falta-lhe calma pra transpor as honras
225 De onde nascem para os fins devidos,
E irá perdê-las.

BRUTUS

Que bom.

SICÍNIO

Não admita
Que os comuns, a quem nós representamos,
Com tantas velhas queixas, não ignorem
Co'a primeira desculpa, as novas honras,
230 Ou que ele a dará, e com orgulho.

BRUTUS

Eu o ouvi jurar,
Que mesmo candidato ele jamais
Iria apresentar-se no mercado,
Vestir os pobres trajes da humildade;
235 Nem mostrar (como deve) os ferimentos
Ao povo, pra implorar seu voto fétido.

SICÍNIO
>Isso é verdade.

BRUTUS
>Ele o disse. Prefere antes perder
>Que vencer sem ser só pelas elites
>E o desejo dos nobres.

SICÍNIO
240 >Eu só quero
>Que ele fique fiel a seu propósito
>E aja assim.

BRUTUS
>É provável que o faça.

SICÍNIO
>O que há de lhe trazer, com o nosso aplauso,
>A destruição.

BRUTUS
>E tem de ser assim,
245 >Senão se acaba a nossa autoridade;
>Nós temos de lembrar ao povo o ódio,
>Em que ele sempre o teve; e que, mandando,
>Vai usá-los pra mulas, vai calá-los
>Tolher suas liberdades, por julgá-los —
250 >Enquanto aptos para ações humanas —
>Tão sem alma e capazes para o mundo
>Quanto bestas de guerra, que alimentadas
>Só para carregar, e ainda apanham
>Se não agüentam.

SICÍNIO

                    Se dissermos isso
255   Em hora que sua pose e insolência
Toquem no povo — o que não vai faltar,
Sendo ele provocado, o que é mais fácil
Que atiçar cães — então o fogo dele
Acende a palha seca, e a chama deles
O apaga para sempre.

(*Entra um Mensageiro.*)

BRUTUS
260   O que é que há?

MENSAGEIRO

Chamando pro Capitólio. Já se pensa
Que Márcio seja cônsul.
Já vi mudos correndo para vê-lo,
E cegos para ouvi-lo. Velhas jogam
265   As luvas, junto aos lenços das mais moças,
Quando ele passa; e a nobreza se curva
Como à estátua de Zeus, e cai do povo
Uma chuva de gritos e gorros:
É coisa nunca vista.

BRUTUS

              Ao Capitólio!
270   Com os olhos e ouvidos no momento,
E coração nas conseqüências.

SICÍNIO

                   Vamos. (*Saem.*)

Cena II

(Entram dois Oficiais, para distribuir almofadas, como se fosse o Capitólio.)

1º OFICIAL

Vamos, vamos, estão quase chegando. Quantos se candidatam ao consulado?

2º OFICIAL

Dizem que três; mas todos pensam que Coriolano é que irá vencer.

1º OFICIAL

5 Esse é um bravo; mas orgulhoso até as últimas, e não ama a gente simples.

2º OFICIAL

A verdade é que tem havido muitos grandes homens que bajularam o povo sem jamais amá-lo; e muitos que este amou, sem saber por que; de modo que se o povo
10 ama sem saber por que, ele também odeia sem melhor razão. Assim sendo, Coriolano pouco se importar se é amado ou odiado por ele expressa seu verdadeiro conhecimento da disposição da gentalha, e com nobre desdém permite que todos o percebam.

1º OFICIAL

15 Se ele não se importasse com o ter ou não o seu amor, ele oscilaria, indiferente, entre fazer-lhes bem ou mal;

porém ele busca o ódio do povo com mais devotamento do que eles conseguem corresponder, e não deixa por fazer nada do que o revele como seu opositor. Mas parecer gostar da má vontade e do desprazer do povo é tão mau quanto aquilo que tanto o desagrada, que é bajulá-lo para ter seu amor.

2º OFICIAL

De seu país ele já mereceu muito; e sua ascensão não foi por degraus fáceis como as dos que, sendo amáveis e corteses junto ao povo, dão barretadas, sem fazer mais nada que os faça merecer suas boas graças e elogios; ele, no entanto, plantou de tal modo suas honras em seus olhos e seus feitos em seus corações, que silenciou as línguas e não elegê-lo seria agora alguma espécie de injúria e ingratidão. Negar os fatos seria uma maldade que, obviamente mentirosa, arrancaria reprovação e repúdio de todo ouvido que o ouvisse.

1º OFICIAL

Chega de falar dele; o homem tem mérito: abram caminho, eles já estão chegando.

(Clarinada. Entram os Patrícios e os Tribunos do povo, com os portadores dos Fascios à sua frente; Coriolano, Menênio, Comínio o Cônsul. Sicínio e Brutus tomam lugar à parte. Coriolano fica de pé.)

MENÊNIO

Determinado o destino dos vólcios,
E Tito Lárcio chamado, só resta

Qual ponto principal de nosso encontro
Recompensarmos o nobre serviço
Que ele fez pela pátria. Peço, então,
40 Que ordeneis, reverendos governantes,
A este cônsul, que foi general
Do recente sucesso, que relate
Algo dos grandes feitos realizados
Por Márcio Caio, hoje Coriolano,
45 Que aqui vemos, e gratos lembraremos,
Com iguais honras.

(Coriolano senta-se.)

1º SENADOR

                    Fale, bom Comínio.
Nada omita por ser longo; antes julgue
Faltar o estado em sua recompensa;
Não por inchá-la. *(para os Tribunos)* Tribunos do povo
50 Peço que ouçam com carinho e, então,
Que com amor procurem os comuns
Pra narrar o ocorrido.

SICÍNIO

                    Aqui viemos
Por um gentil chamado, e nossos peitos
Só tendem a honrar e a apoiar
O tema da assembléia.

BRUTUS

55   Que nos traz
Grandes bênçãos se nele provocar

Opinião mais bondosa do povo
Do que a que nutre.

MENÉNIO

Isso é irrelevante!
Melhor ficarem quietos. Por favor,
Vão escutar Comínio?

BRUTUS
60 Com prazer,
Mas o que eu disse é bem mais pertinente
Que a sua zanga.

MENÉNIO

Ele ama o seu povo,
Mas não exijam que durma com ele.
Fale, nobre Comínio.
(*Coriolano levanta-se e parece querer sair.*)
65 Fique quieto.

1º SENADOR

E não se avexe de ouvir, Coriolano,
O que fez com nobreza.

CORIOLANO

Por favor,
Prefiro que me reabram as feridas
A ouvir sua história.

BRUTUS

Eu só espero
70 Que o que eu disse não o tenha afetado.

CORIOLANO

Não; os golpes muitas vezes me retêm,

Mas fujo da palavra. Não me fere
Quem não bajula; e esse seu povo eu amo
Segundo pesa...

MENÊNIO

                Eu peço que se sente.

CORIOLANO

75   Prefiro um golpe na cabeça ao sol
     No calor da batalha que sentar-me
     E ouvir meus nadas agigantados.

(*Sai Coriolano.*)

MENÊNIO

     Mestres do povo, como pode ele
     Bajular sua eterna multiplicação —
80   Onde um em mil é bom — quando percebem
     Que antes arrisca o corpo pela honra
     Que um ouvido pra ouvir? Fale, Comínio.

COMÍNIO

     Falta-me voz: o que fez Coriolano
     Não se diz com fraqueza: sempre é dito
85   Que a maior das virtudes é a bravura,
     E a que mais dignifica: se assim for
     O homem de quem falo, neste mundo,
     Não tem igual. Aos dezesseis, apenas,
     Ao armar-se Tarquínio contra Roma,
90   Lutou mais que ninguém; e o que era então
     O nosso honrado ditador o viu
     Lutando quando, inda imberbe, expulsou

Muito barbado e, na frente do cônsul,
Protegendo um romano perseguido,
95 Matou três oponentes. E em confronto
Feriu Tarquínio mesmo no joelho.
Podendo ter recato feminino,
Maior homem do campo recebeu
A coroa de louros. O escolar
100 Fez-se homem de repente e, como um mar,
Em dezessete anos de batalhas
Privou outras espadas de guirlandas.
Da mais recente, dentro de Corioli,
Não há palavras: sustou quem fugia,
105 E seu exemplo fez com que o covarde
Mudasse em jogo o terror; como algas
À frente de um veleiro, aqueles homens
Tombavam diante dele; a sua espada
Matava onde caía; todo inteiro
110 Ele era sangue, e a cada gesto seu
Vinha um grito de morte: ele entrou só
Às fatídicas portas, que pintou
Com sangue inevitável; só, saiu
Pra então, com novas tropas golpear
115 Corioli qual planeta. E venceu todos;
Quando a bulha da guerra penetrou
Seus sentidos, uma coragem dupla
Reforçou sua carne fatigada,
E ele entrou na batalha, onde correu
120 Ensangüentado por vidas alheias,
Num massacre sem fim; e até dizermos
Nossos campo e cidade, não parou
Pr'aliviar o peito arfante.

MENÊNIO

                É um bravo.

1º SENADOR

    Tem de orgulhar-se de ostentar as honras
Que teve aqui.

COMÍNIO

125   Desprezou o butim,
Vendo tesouros quais se apenas fossem
O esterco do mundo. Aspira a menos
Do que dá a miséria, tem por paga
Do que faz o fazê-lo, e se contenta
Em poder terminá-lo.

MENÊNIO

130   É muito nobre.
Que agora o chamem.

1º SENADOR

                        Chamem Coriolano.

OFICIAL

    Ei-lo que chega.

(*Entra Coriolano.*)

MENÊNIO

    Coriolano, ora apraz ao Senado
Fazê-lo cônsul.

CORIOLANO

                Sempre a ele eu devo
Vida e serviço.

MENÉNIO

135   Resta então agora
Que se dirija ao povo.

CORIOLANO

                    E eu peço a todos
Que saltem tal costume; pois não posso
Envergar trapos e implorar, seminu,
Que por minhas feridas me dêem votos.
140 Eu peço que me poupem de tais atos.

SICÍNIO

Senhor, o povo quer ter sua voz;
E ele não abre mão nem de uma gota
Do ritual.

MENÉNIO

           Não ponha o povo à prova.
Por favor vista-se segundo o hábito,
145 Pra colher, como seus antecessores,
A honra segundo a forma.

CORIOLANO

                      É um papel
Que eu coro em desempenhar, e podia
Ser tirado do povo.

BRUTUS (*para Sicínio*)

                    Escute isso.

CORIOLANO

Gabar-me a eles que fiz isso ou aquilo,
150 Mostrar-lhes cicatrizes que hoje escondo,

Como se eu as buscasse pela paga
Desse seu voto!

MENÊNIO

               Não insista nisso.
Tribunos, nós aqui vos submetemos
Nossa proposta para o povo: e ao cônsul
155   Nós desejamos alegria e honra.

SENADORES

A Coriolano alegria e honra!

(*Soam trompas. Saem todos. Ficam Brutus e Sicínio.*)

BRUTUS

Viu como pensa tratar o povo.

SICÍNIO

Que este o perceba! Vai pedir seus votos
Como com nojo de o que deseja
160   'Star em mãos populares conceder.

BRUTUS

Vamos contar-lhes tudo que aqui houve,
Pois sei que nos esperam no mercado. (*Saem.*)

Cena III

(*Entram sete ou oito Cidadãos.*)

1º CIDADÃO

Fica claro que se pedir nossos votos nós não deveríamos negá-los a ele.

2º CIDADÃO

Mas podemos, se quisermos.

3º CIDADÃO

Temos em nós o poder de fazê-lo, mas é um poder que não temos poder para executar. Pois se ele nos mostrar seus ferimentos e nos contar seus feitos, temos de condicionar nossas línguas por essas feridas e votar nelas. De modo que se ele nos contar seus nobres feitos, teremos também de contar a ele que nobremente nós os aceitamos. A ingratidão é monstruosa, a multidão ser ingrata é fazer dela um monstro; e da qual sendo nós membros, isso nos levaria a ser membros monstruosos.

1º CIDADÃO

E para nos dizerem nada melhor do que isso, qualquer ajudazinha serve: pois quando nos posicionamos a respeito do trigo, ele próprio não hesitou em nos chamar de multidão de muitas cabeças.

3º CIDADÃO

Já fomos chamados assim por muitos; não por que algumas de nossas cabeças sejam castanhas, outras pretas,

outras ruivas, outras carecas, mas por nossos bestuntos
serem coloridos de formas tão variadas; e em verdade
me parece que se todos os nossos bestuntos espirrassem
para fora de um único crânio, eles iriam voar para leste,
oeste, norte, sul, e a concordância que tivessem sobre
um caminho ia na mesma hora sair para todas as
direções.

2º CIDADÃO

Parece, mesmo? E em qual direção acha que iria voar o meu?

3º CIDADÃO

Não, o seu não vai sair tão depressa quanto o dos outros; ele está todo grudado em um tijolo: mas se estivesse livre, com certeza voaria para o sul.

2º CIDADÃO

Por que para lá?

3º CIDADÃO

Para se perder em uma neblina, com três partes derretidas com orvalho podre, e a quarta pronta para ter de volta e ajudar a achar uma esposa.

2º CIDADÃO

Sempre pronto com gracinhas; vamos, vamos.

3º CIDADÃO

Estão todos resolvidos a dar seus votos? Não tem importância, a maioria é que decide. Pois eu digo que se ele se inclinasse mais para o povo, nunca haveríamos de encontrar homem de maior mérito.

(*Entra Coriolano, usando a veste da humildade, com Menênio.*)

40   Lá vem ele, com a veste da humildade: repare como se
comporta. Não devemos ficar todos juntos mas sim ir
até onde ele está, aos uns, aos dois, e aos três. Ele tem
de fazer seu pedido individualmente, de modo que
cada um de nós seja honrado em separado, dando-lhe
45   nosso voto com nossa própria língua: portanto sigam-
me, que eu os orientarei sobre como devem ir até ele.

TODOS
    Está bem, está bem.

(*Saem Cidadãos.*)

MENÊNIO
    Senhor, não está certo. Pois não sabe
    Que o fizeram os grandes?

CORIOLANO
                    O que digo?
50   "Eu lhe imploro, senhor" — Raios! Não posso
Obrigar minha língua. "Olhe senhor,
As feridas que tive pela pátria,
Quando irmãos seus gritaram e fugiram
Até de tambor nosso."

MENÊNIO
                Pelos deuses,
55   Não deve falar nisso e, sim, pedir-lhes
Que pensem no senhor.

CORIOLANO
                Em mim? Que morram!

Só quero que me esqueçam, como esquecem
Das virtudes que os sábios neles gastam.

MENÊNIO

Estraga tudo. Já vou. Fale com eles
De modo mais saudável. (*Sai*.)

(*Entram três Cidadãos*.)

CORIOLANO

60   Pois que lavem
Caras e dentes. Lá vem uma junta.
Sabe, senhor, por que estou aqui?

3º CIDADÃO

Sabemos, senhor; diga-nos o que o levou a fazê-lo.

CORIOLANO

Meu próprio mérito.

2º CIDADÃO

65   Seu próprio mérito?

CORIOLANO

Sim, porém não meu desejo.

3º CIDADÃO

Como não o seu desejo?

CORIOLANO

Não, senhor, nunca foi meu desejo importunar os pobres vindo aqui mendigar.

3º CIDADÃO

70 Deve pensar que se lhe dermos alguma coisa, esperamos ganhar por meio do senhor.

CORIOLANO

Muito bem, por favor, qual é o seu preço pelo consulado?

1º CIDADÃO

Nosso preço é o de que nos peçam com bondade.

CORIOLANO

Bondosamente, senhor, rogo que mo dêem. Tenho
75 ferimentos para mostrar-lhes, que os satisfarão em particular. Seu bom voto, senhor. O que me diz?

2º CIDADÃO

Que o terá, meu honrado senhor.

CORIOLANO

Está feito, senhor. Ao todo já serão dois honrados votos que mendiguei. Já tenho suas esmolas: adeus!

3º CIDADÃO

80 Mas isso está muito esquisito!

2º CIDADÃO

Se fosse para dar de novo... mas não importa.

(*Saem os três Cidadãos.*)
(*Entram dois outros Cidadãos.*)

CORIOLANO

Por favor, se for possível ao tom de suas vozes concordar que eu seja cônsul, estou aqui com o traje habitual.

4º CIDADÃO

85 O senhor com nobreza mereceu da pátria, e com nobreza não mereceu.

CORIOLANO

Qual é o seu enigma?

4º CIDADÃO

O senhor tem sido um flagelo para os inimigos dela, e um chicote para os seus amigos; o senhor na verdade
90 não tem amado a gente comum.

CORIOLANO

Deveria julgar-me ainda mais virtuoso, por não ter sido comum no meu amor. Senhor, eu hei de bajular meu irmão de jura, o povo, para conquistar dele melhor opinião; e já que a sabedoria da escolha dessa gente prefere
95 meu chapéu a meu coração, hei de praticar mesuras insinuantes, e correr atrás deles em perfeito arremedo; isto é, meu senhor, hei de arremedar o encantamento de um desses homens populares, e derramá-lo generosamente sobre os que o desejam. E portanto eu vos
100 imploro que possa ser cônsul.

5º CIDADÃO

Esperamos descobri-lo nosso amigo e, portanto, lhe damos nosso voto de coração.

4º CIDADÃO

O senhor recebeu muitos ferimentos pela pátria.

CORIOLANO

Não irei sacramentar sua informação mostrando-os.

105 Irei gabar-me muito de seus votos, mas agora não os perturbarei mais.

AMBOS

Que os deuses lhe concedam bom proveito, senhor; de coração.

(*Saem os dois Cidadãos.*)

CORIOLANO

Que votos doces!
110 Antes morrer, morrer até de fome,
Que mendigar o preço que eu mereço.
Por que com toga de lobo eu ficar
Até um João Ninguém aqui me dar
Seu voto dispensável. É a tradição.
115 E como ela o quiser as coisas são.
O pó do tempo que ninguém varreu
Qual montanha de erros já cresceu,
E cobriu a verdade. Antes que enganar,
Melhor postos e honras entregar
120 A quem o aceita. Metade eu já passei,
E passo o resto, se parte aturei.
(*Entram mais três Cidadãos.*)
Lá vêm mais votos.
Seus votos! Por seus votos guerreei,
Velei pelos seus votos; por seus votos
125 De ferimentos tenho duas dúzias,
Três vezes seis eu tenho de batalhas
Vistas e ouvidas. Por seus votos fiz
Fiz coisas grandes e pequenas: os seus votos!
Na verdade eu desejo ser cônsul.

6º CIDADÃO

130 Ele tem agido nobremente; não pode ficar sem o voto de um homem honesto.

7º CIDADÃO

Pois deixe que seja cônsul. Que os deuses lhe façam gozar disso, e o façam amigo do povo!

TODOS

Amém, amém. Deus o salve, nobre cônsul!

(*Saem os três Cidadãos.*)

CORIOLANO

135 Nobres vozes!

(*Entra Menênio, com Brutus e Sicínio.*)

MENÊNIO

Já cumpriu o tempo certo, e os tribunos
Lhe dão a voz do povo; resta agora,
Ostentando as insígnias do cargo,
Encontrar o Senado.

CORIOLANO

Acabou isto?

SICÍNIO

140 Já cumpriu a exigência dos pedidos.
O povo o admitiu e foi chamado
Pra reunir-se sobre a aprovação.

CORIOLANO

Aonde? No Senado?

SICÍNIO
　　　　　　　　É, Coriolano.

CORIOLANO
　　Posso mudar estas roupas?

SICÍNIO
　　　　　　　　Já pode.

CORIOLANO
145　Vou fazê-lo; e então reconhecendo-me
　　Irei até o Senado.

MENÊNIO
　　Far-lhe-ei companhia. Vêm conosco?

BRUTUS
　　Esperamos o povo.

SICÍNIO
　　　　　　　　Passem bem.
　　(*Saem Coriolano e Menênio.*)
　　Já conseguiu; e pelo que parece,
　　Tem quente o coração.

BRUTUS
150　　　　　　　Um coração
　　Muito orgulhoso mesmo na humildade.
　　Pretende agora dispensar o povo?

(*Entram os Plebeus.*)

SICÍNIO
　　Então, mestres, escolheram esse homem?

1º CIDADÃO
   Senhor, ele tem nossos votos.

BRUTUS
155 Praza aos deuses mereça o seu amor.

2º CIDADÃO
   Amém; mas pro meu pobre entendimento
   Zombou de nós pedindo o voto.

3º CIDADÃO
                              O certo
   É que em verdade debochou de nós.

1º CIDADÃO
   Não; é assim que fala. Não zombou.

2º CIDADÃO
160 A não ser por você, todos dizemos
   Que debochou: teria de mostrar-nos
   As marcas das feridas pela pátria.

SICÍNIO
   Mas na certa mostrou.

TODOS
                 Não; ninguém viu.

3º CIDADÃO
   Disse que, a sós, poderia mostrar;
165 E abanando o gorro, com pouco caso,
   Disse "Eu quero ser cônsul, mas a lei
   Diz que não posso sem ter os seus votos:
   Os seus votos, portanto." E quando os teve,

Foi só "Grato pelos votos e grato
170 Doces votos; agora que os já tenho,
Já chega de vocês." Não é deboche?

SICÍNIO

Mas por que foram tolos para vê-lo,
Ou mesmo vendo, quais crianças tolas,
Deram seus votos?

BRUTUS

              Por que não falaram
175 Segundo o que aprenderam? Sem poder,
Quando era mero servidor do Estado,
Sempre foi inimigo, e falou contra
As leis e liberdades que hoje têm
Nesta comunidade; e se ora chega
180 A lugar de poder e de governo,
Se continua com malignidade
Inimigo do povo, deram votos
Pra própria maldição? Pois deveriam
Dizer que se seus feitos mereciam
185 O que queria, assim sua natureza
Deveria pensar em quem votava,
E em vez de persegui-los vir a amá-los,
A ser senhor amigo.

SICÍNIO

              Dizer isso,
Como avisamos iria tocá-lo
190 E pôr à prova a sua inclinação,
Tirando dele ou juras positivas,

Que sendo necessário cobrariam
Ou provocando seu temperamento
Que não é de aceitar cerceamentos
195 Que o prendam; pois ficando com raiva
Aproveitavam-se de sua cólera
E não o elegiam.

BRUTUS
Perceberam
Que ele os buscou com zombaria aberta
Precisando agradar-lhes; e imaginam
200 Que o seu desprezo não vai machucá-los
Com poder pra arrasar? Esses seus corpos
Não tinham coração? Não tinham línguas
Contra esse julgamento? Não negaram
Outrora a quem pediu, e agora cedem
205 E a quem não roga, mas debocha, entregam
A voz do voto?

3º CIDADÃO
Não confirmamos; podemos negar.

2º CIDADÃO
E vamos recusá-lo!
Só eu tenho quinhentos votos contra.

1º CIDADÃO
210 Eu o dobro, e ainda outros amigos.

BRUTUS
Pois vão logo dizer a seus amigos
Que o cônsul que elegeram vai tirar-lhes
As liberdades, dar-lhes tanta voz

Quanto o cão que é surrado por latir
E por calar.

SICÍNIO

215   Pois que se juntem todos;
Para pensando melhor revogar
Essa tola eleição. Falem do orgulho,
Do ódio que lhes têm. E não esqueçam
Do desprezo com que ele pôs a veste,
220 De como debochou ao implorar;
Mas seu amor, pensando nos seus feitos,
Impediu-os de ver como fazia,
Como zombando só se comportou
Segundo o ódio que lhes teve sempre.

BRUTUS

225 Culpem a nós, tribunos, que insistimos,
Sem ver impedimentos, a levá-lo
A ganhar a eleição.

SICÍNIO

                 Que o escolheram
Mais por comando do que por tendência
Das suas afeições; que suas mentes,
230 Mais presas à aparente obrigação
Que ao desejo, fez com que a contra-gosto
O elegessem cônsul. Erro nosso.

BRUTUS

Não nos poupem. Digam que discursamos
Sobre seus feitos desde quando jovem,
235 Seus serviços à pátria, sua linhagem —

E a nobreza dos Márcios, de onde veio
O Anco Márcio que foi neto de Numa
E foi rei logo após o grande Hostílio;
Da mesma casa foram Públio e Quinto,
240 Que nossa melhor água aqui trouxeram;
(Como Censório, assim cognominado)
Por ter sido censor por duas vezes,
Também seu ancestral.

SICÍNIO

                Com tal linhagem,
E em si mesmo capaz de grandes feitos,
245 Nasceu para altos postos, e insistimos
Que dele se lembrassem; mas julgaram,
Pesando o tom de hoje com o passado,
Que ele é seu inimigo e revogaram
O seu voto impensado.

BRUTUS

                E insistam sempre
250 Que só por nós é que votaram nele;
E assim que juntem todos que os apóiam,
Pro Capitólio!

TODOS

        Sim, pois quase todos
Lamentam essa eleição.

(*Saem os Plebeus.*)

BRUTUS

                Deixe-os ir;

É melhor arriscar esse motim
255 Do que esperar momento mais seguro.
Se ele se enfurecer, como é normal,
Co'essa recusa, havemos de tirar
Vantagem dessa fúria.

SICÍNIO

                Pro Senado!
Lá chegaremos antes desse povo,
260 E há de parecer, como é, em parte,
Coisa deles o que nós provocamos. (*Saem.*)

Ato III

Cena I

(*Clarins. Entram Coriolano, Menênio, toda a Aristocracia, Comínio, Tito Lárcio e os Senadores.*)

CORIOLANO
>Túlio Aufídio então abriu nova brecha?

LÁRCIO
>Abriu, senhor, o que foi a razão
>Desse acordo mais rápido.

CORIOLANO
>Então os vólcios 'stão como no início,
>5 Prontos para fazer, quando quiserem,
>Um novo ataque.

COMÍNIO
>   'Stão cansados, cônsul,
>É improvável que, no nosso tempo,
>Lhes vejamos as cores.

CORIOLANO
>   Viste Aufídio?

LÁRCIO
>Tendo salvo-conduto veio ver-me;
10   Maldisse os vólcios por, de forma vil,
Entregar a cidade: foi para Anzio.

CORIOLANO
Falou de mim?

LÁRCIO
Falou, senhor.

CORIOLANO
Que disse?

LÁRCIO
Que muitas vezes cruzaram espadas;
Que a nada neste mundo odeia tanto
15   Quanto ao senhor; e que apostava tudo
Contra coisa nenhuma se pudesse
Proclamar que o vencera.

CORIOLANO
Vive em Anzio?

LÁRCIO
Sim, em Anzio.

CORIOLANO
Quem dera eu ter motivo pra buscá-lo,
20   E enfrentar esse ódio. Sê bem-vindo.
(*Entram Sicínio e Brutus.*)
Esses aí são tribunos do povo,
As línguas dos comuns, a quem desprezo:
Se pavoneiam co'essa autoridade
De modo insuportável.

SICÍNIO
>Não avance.

CORIOLANO
25 Ah! Mas o que é isso?

SICÍNIO
É perigoso seguir. Pare aí.

CORIOLANO
Mas que mudança é essa?

MENÊNIO
>O que é que houve?

COMÍNIO
Não foi eleito por comuns e nobres?

BRUTUS
Não, Comínio.

CORIOLANO
>Votaram só crianças?

1º SENADOR
30 Abram caminho: ele vai ao mercado.

BRUTUS
O povo está irado contra ele.

SICÍNIO
Se não pararem, o conflito é certo.

CORIOLANO
É gado seu? Deve ter voto aquele
Que mal falou já renega o que disse?

35 São suas bocas mas lhes deixam dentes?
Ou seguem ordens suas?

MENÉNIO

Calma, calma.

CORIOLANO
Isso é conluio e tem como propósito
Cercear a vontade da nobreza:
Aceitá-lo é viver co'o que não sabe
40 Nem governar e nem ser governado.

BRUTUS
Não é conluio; o povo está queixoso
Do seu deboche; quando há pouco o trigo
Lhes foi dado de graça, reclamou,
Caluniou quem falou pelo povo,
45 Chamou a todos de aproveitadores,
Adulões, inimigos da nobreza.

CORIOLANO
Mas isso já sabiam.

BRUTUS

Não, nem todos.

CORIOLANO
E agora os informou?

BRUTUS

Eu, informante?

COMÍNIO
É de fazer tais coisas.

BRUTUS

                Não piores
50   Do que os senhores fazem.

CORIOLANO

Por que devo ser cônsul? Pelos céus,
Se não tenho valor, podem fazer-me
Um tribuno qualquer.

SICÍNIO

                E agora mostra
Tudo o que irrita o povo. Se passar
55   Para onde quer ir, há que indagar
O caminho perdido com bons modos
Ou nem terá a nobreza de cônsul
Nem jugo de tribuno.

MENÊNIO

                Muita calma.

COMÍNIO

Enganaram o povo. Vá em frente.
60   Tais picuinhas não vão bem em Roma;
Nem Márcio mereceu que tal desonra
Manche o seu mérito.

CORIOLANO

                O caso é trigo?
Tudo o que disse hei de dizer de novo.

MENÊNIO

Agora, não.

1º SENADOR
                Não no calor de agora.

CORIOLANO
65   Agora, sim. Aos meus nobres amigos
Eu imploro perdão.
E a multidão, mutável, fedorenta,
Se olharem pra mim, que os não bajulo,
Hão de ver como são. E aqui repito:
70   Se os agradarmos, só alimentamos
Contra o Senado um joio de rebeldes,
Sedição, insolência, que nós mesmos
Plantamos e espalhamos ao mesclarmos
Conosco quem não tem virtude ou força
75   Senão as que ganharam por esmola.

MENÉNIO
Não fale mais.

1º SENADOR
         Por favor.

CORIOLANO
               Calar? Eu?
Assim como sangrei por meu país,
Sem temer outras forças, meus pulmões
Gritarão sempre mais contra essas pústulas
80   Que evitamos pegar, mas que buscamos
Sem cessar seu contágio.

BRUTUS
Desse povo

Fala qual deus pronto a punir e não
Como um homem falível.

SICÍNIO

                        E é melhor
Contar ao povo.

MENÊNIO

               O quê? A sua cólera?

CORIOLANO

Cólera?
Fosse eu tão tranqüilo quanto o sono,
Por Zeus que assim pensava.

SICÍNIO

                      Um pensamento
Cujo veneno vai parar aqui
Pra não pôr mais veneno.

CORIOLANO

                Vai parar!
Ouviram só o Tritão das minhocas?
Seu "vai" absoluto?

COMÍNIO

                É contra a lei.

CORIOLANO

                      "Vai!"
Patrícios bons mas não sábios; por que,
Meus bravos e imprudentes senadores,
Deram à Hidra a eleição de um cargo
Cujo "vai" peremptório não é mais

Que os cornos e o rugir do monstro,
Ao qual não falta força pra atirá-los
Na sargeta, ficando com o canal?
100 Se ele está forte, humilhem sua ignorância,
Se não, tomem cuidado com a leniência.
Se sábios, não sejam tolos; se não,
Serão tapetes deles. São plebeus
Se eles são senadores; o que são,
105 Se as suas vozes juntas, ao falarem,
Pendem pro gosto deles. Vão votar
Num magistrado assim, que põe seu "vai",
O seu "vai" popular, contra o mais grave
Até dos gregos. A minh'alma sofre
110 Por saber bem que quando há dois poderes,
Nenhum supremo, em breve a confusão
Pode entrar entre ambos e, no fim,
Um come o outro.

COMÍNIO

    Vamos ao mercado.

CORIOLANO

E quem aconselhou distribuírem
115 De graça o trigo armazenado, como
Na Grécia certa vez...

MENÊNIO

    Agora, chega.

CORIOLANO

Mesmo o povo tendo mais poder lá,

Nutriu apenas a desobediência,
E a ruína do Estado.

BRUTUS

                E irá votar
O povo em quem diz isso?

CORIOLANO

120   E por razões
Melhores que seus votos. Sabem eles
Que o trigo não foi paga, bem sabendo
Que nada tinham feito. Vinda a guerra,
Que atingiu mesmo o umbigo da pátria,
125 Não serviram nas portas: tais serviços
Não ganham trigo grátis. Já na tropa,
Seus motins e revoltas, que exibiram
Sua grande bravura, não os honram.
Os freqüentes ataques ao Senado,
130 Todos sem base, nunca poderiam
Justificar a dádiva. E então?
Como assimila o peito multiforme
O gesto do Senado? Que atos mostrem
O que na certa dizem: "Nós quisemos,
135 Nós temos muitos votos e, por medo,
Nos deram o pedido." Dessa forma
Degradamos os cargos, co'essa corja
Chamando medo ao cuidado; e co'o tempo,
Arrombando as barreiras do Senado
140 Vão trazer corvos pra picar as águias.

MENÊNIO

Vamos, basta.

BRUTUS

                Já foi muito.

CORIOLANO

                          E tem mais!
Que toda jura, humana e até divina,
Sele inda isto! A dupla autoridade,
Onde uma parte desdenha com causa,
145 E a outra insulta sem razão; e aonde
O berço, o título e a sabedoria
Têm de guiar-se pelo sim ou não
Da ignorância, omite-se, por fim,
Quanto ao preciso, enquanto se desgasta
150 Com coisas tolas. Perdido o critério,
Não se faz nada sério. E eu imploro —
Aos de menos temor e mais critério,
Que amam a parte básica do Estado
Mais que mudanças duvidosas; e acham
155 Melhor a vida nobre do que a longa,
Preferindo remédios perigosos
À morte certa — arranquem fora agora
Essa múltipla língua: não a deixem
Lambê-los com veneno. Sua desonra
160 Macula o julgamento e priva o Estado
Da integridade que lhe é devida,
Não podendo fazer o bem que deve
Se o mal o controlar.

BRUTUS

                Isso é o bastante.

SICÍNIO

>Falou como traidor e, qual traidor,
>Ele há de responder.

CORIOLANO

¹⁶⁵ Tolo infeliz!
>Por que há de ter o povo tais tribunos?
>Com o apoio deles, vai-se a obediência
>Ao poder superior. Numa revolta,
>Não por ser certo mas por necessário,
>¹⁷⁰ Foram eleitos. Em melhor momento,
>Seja certo dizermos o que é certo,
>E jogar na poeira tais poderes.

BRUTUS

>Isso é traição!

SICÍNIO

>Esse aí, cônsul? Nunca!

BRUTUS

>Edis, olá!
>(*Entra um Edil.*)
>Que ele seja preso.

SICÍNIO

>Chamem o povo;
>(*Sai o Edil.*)
>¹⁷⁵ Em cujo nome eu mesmo
>O prendo por traidor, com tal proposta,
>E inimigo do povo. Ora obedeça,
>Pra ir dar contas.

CORIOLANO

                Saia, bode velho!

TODOS OS PATRÍCIOS

    Nós o afiançamos.

COMÍNIO

                Senhor, largue-o.

CORIOLANO

180   Vá, podridão! Ou lhe sacudo os ossos
Até perder as roupas.

SICÍNIO

                Povo! Ajudem!

(Entra uma multidão de Plebeus, com os Edis.)

MENÊNIO

    De ambas as partes, mais respeito.

SICÍNIO

    Eis o que quer tirar-lhes seu poder!

BRUTUS

    Apreendam-no, edis.

TODOS OS PLEBEUS

185   Abaixo com ele! Abaixo com ele!

2º SENADOR

    Armas! Armas! Armas!

(Todos se agitam em torno de Coriolano.)

TODOS

>Tribunos! Patrícios! Cidadãos! Chega!
>Sicínio! Brutus! Márcio! Cidadãos!
>Paz! Paz! Paz! Chega! Paz agora! Quietos!

MENÊNIO

190 Que vai acontecer? Estou sem fôlego;
>Na confusão, eu não posso falar.
>Povo, tribunos, Coriolano, quietos!
>Fale, meu bom Sicínio!

SICÍNIO

>>Ouça-me, povo!

TODOS OS PLEBEUS

>Ouçamos nosso tribuno. Quietos! Fale!

SICÍNIO

195 Estão para perder suas liberdades:
>Márcio lhes tiraria tudo, Márcio
>A quem odeiam, elegeram cônsul.

MENÊNIO

>Mas que vergonha!
>Assim se atiça o fogo, não se apaga.

1º SENADOR

200 Se desconstrói e se arrasa a cidade.

SICÍNIO

>O que é a cidade, se não povo?

TODOS OS PLEBEUS

>Verdade; o povo é que faz a cidade.

BRUTUS

    Por consenso geral nós fomos feitos
Magistrados do povo.

TODOS OS PLEBEUS

                     E ainda o são.

MENÊNIO

205   E assim devem agir.

COMÍNIO

    Este é o caminho pro fim da cidade,
Pra derrubar telhados sobre as bases,
Enterrando o que hoje se desenha
Nessas ruínas.

SICÍNIO

              Isso pede morte.

BRUTUS

210   Ou afirmamos nossa autoridade,
Ou a perdemos: aqui proclamamos,
Por esse povo, por cujo poder
Fomos eleitos, que Márcio merece
Morte imediata.

SICÍNIO

                  Prendam-no, portanto.
215   Levem-no à Tarpéia e, lá de cima,
Atirem-no no abismo.

BRUTUS

                    Edis, prendam-no!

TODOS OS PLEBEUS
>Márcio, entregue-se!

MENÊNIO
>>Ouçam-me um momento.
>Peço, tribunos, que ouçam uma palavra.

TODOS
>Silêncio, silêncio!

MENÊNIO
>220 Sejam, como parecem, patriotas,
>Pra realizar, serenos, o que querem
>Vingar com violência.

BRUTUS
>>Tais friezas
>Não são prudente ajuda, mas veneno
>Pra mal violento. Podem segurá-lo,
>E levá-lo pra rocha.

(Coriolano puxa da espada.)

CORIOLANO
>225 Eu morro aqui.
>Muitos aqui já me viram lutar:
>Venham provar-se agora no que viram!

MENÊNIO
>Desça a espada! Tribunos, um momento.

BRUTUS
>Agarrem-no.

MENÊNIO
>Socorro, Márcio, ajudem!
230 Todos os nobres devem ajudá-lo!

TODOS OS PLEBEUS
Abaixo com ele! Abaixo com ele!

(*Nesse motim os Tribunos, os Edis e o Povo são vencidos e saem.*)

MENÊNIO
Ouça, pra sua casa, saia, vá!
Senão, tudo se perde.

2º SENADOR
>Vá.

CORIOLANO
>Resistam.
Temos tantos amigos quanto eles.

MENÊNIO
Teremos de prová-lo?

1º SENADOR
235 >Deus nos livre.
Lhe peço, nobre amigo, vá para casa:
Deixe a cura conosco.

MENÊNIO
>E tal ferida
Não lhe cabe cuidar: saia, eu lhe peço.

COMÍNIO
Venha, senhor, conosco.

CORIOLANO

240　　Se fossem bárbaros! Tais como são,
　　　Não são romanos, mesmo aqui paridos,
　　　Bichos nascidos junto ao Capitólio.

MENÊNIO

　　　Vá, não expresse a sua justa fúria.
　　　A hora certa virá.

CORIOLANO

　　　　　　　　Em campo aberto
　　　Eu vencia quarenta.

MENÊNIO

245　　　　　　　　E eu também
　　　Venceria um bom par, os dois tribunos.

COMÍNIO

　　　Porém agora o número é impossível,
　　　E a coragem é tola quando enfrenta
　　　Um muro que desaba. Quer sair,
250　　Antes que volte a ralé, cuja raiva
　　　Força como água represada, e vence
　　　O que antes a retinha.

MENÊNIO

　　　　　　　　Vá, lhe imploro.
　　　Vou ver se o meu bom senso inda é aceito
　　　Pelos que não o têm. Pr'este remendo,
　　　Qualquer retalho serve.

COMÍNIO

255　　　　　　　　Chega; vamos.

　　　(*Saem Coriolano e Comínio, com outros.*)

PATRÍCIO
>O homem destruiu o seu destino.

MENÊNIO
>Ele é nobre demais para este mundo:
>Ele não bajulava nem Netuno
>Por seu tridente; nem tampouco Júpiter
>Pra poder trovoar. Diz o que sente:
>O que o peito sentir a língua expressa;
>E quando sente raiva, ele se esquece
>Que ouviu falar em morte.
>(*ruído fora*)
>Mais problemas!

260

PATRÍCIO
>   Por que não vão dormir?

MENÊNIO
>Ou se atirar no Tibre? E ele, raios,
>Não podia ser cortês?

265

(*Entram de novo Brutus, Sicínio e a ralé.*)

SICÍNIO
>   Aonde está
>A víbora que quer despovoar
>A cidade pra ele ser, sozinho,
>Todos os homens.

MENÊNIO
>   Honrados tribunos...

SICÍNIO
>Há de ser atirado da Tarpéia

270

Por duras mãos: ele foi contra a lei,
Portanto a lei lhe nega julgamento
Fora da força severa do povo,
Que para ele é nada.

1º CIDADÃO

      Ele há de ver
275 Que esses tribunos são do povo a boca,
Nós, suas mãos.

TODOS OS PLEBEUS

     Isso mesmo!

MENÊNIO

      Senhores!

SICÍNIO

Paz!

MENÊNIO

Não gritem "saque" onde é bom que cacem
Em limites modestos.

SICÍNIO

     Como explica
Que o ajudasse a fugir?

MENÊNIO

280   Ouçam-me aqui!
Como conheço os méritos do cônsul,
Conheço as suas falhas.

SICÍNIO

     Cônsul! Quem?

MENÉNIO
> O Cônsul Coriolano.

BRUTUS
> Ele, cônsul!

TODOS OS PLEBEUS
> Não, não, não, não, não.

MENÉNIO
285 Se permitem, tribunos e bom povo,
Que eu seja ouvido, quero uma palavra
Que a ninguém poderá trazer mais mal
Que a perda de algum tempo.

SICÍNIO
> Seja breve,
Pois 'stamos firmes na execução
290 Da víbora traidora. Só bani-lo
É perigo pra nós; mantê-lo em Roma,
A nossa morte certa. Decretamos
Que ele morre esta noite.

MENÉNIO
> Pois que os deuses
Impeçam que esta Roma, sempre grata
295 Aos filhos cujo mérito se inscreve
Junto a Zeus, como mãe desnaturada
Venha a comer as crias!

SICÍNIO
> Ele é um mal que tem de ser podado!

MENÉNIO
> É um ramo que está adoecido:

300   Sua poda é fatal; a cura, fácil.
Que fez a Roma que mereça morte?
O que sangrou, matando-lhe inimigos
(E eu garanto ser mais do que hoje tem,
Bem mais, até), perdeu por seu país;
305   Perder por seu país o que lhe resta
Será, para o carrasco e a testemunha,
Vergonha eterna.

SICÍNIO
                Isso é clara mentira.

BRUTUS
    Torce tudo. Quando amou seu país
Nós o honramos.

SICÍNIO
                O pé que nos serve
310   Se tem gangrena não é respeitado
Pelo que foi.

BRUTUS
             Não quero ouvir mais nada:
Vão atrás dele, arranquem-no de casa,
Pra que essa infecção, contagiante,
Não vá mais longe.

MENÊNIO
              Uma palavra mais!
315   Com seu passo de tigre, a ira, depois,
Tarde demais verá o mal da pressa
A lhe pesar os pés. Cumpram a lei,

Pros partidários dele não explodirem,
Com Roma saqueada por romanos.

BRUTUS

Pois mesmo assim!

SICÍNIO

320   Pra que ficar falando?
Já não provamos a obediência dele?
Atacando os edis? Nos resistindo?

MENÊNIO

Lembrem-se que ele se educou em guerras
Mal sustentou uma espada; e é treinado
325 Em linguagem violenta. Joio e trigo
Ele atira igualmente. Se permitem,
Irei buscá-lo e garanto trazê-lo
Onde responda legalmente — e em paz —
Por sua vida.

1º SENADOR

               Meus nobres tribunos,
330 Essa é a forma humana. A outra via
É sangrenta demais, com fim incerto
Pra quem começa assim.

SICÍNIO

               Nobre Menênio,
Seja o senhor o oficial do povo.
Deponham suas armas, meus senhores.

BRUTUS

335 Mas não vão para casa.

SICÍNIO

    Vão todos pro mercado, onde estaremos,
    Pra lá, se trouxer Márcio, procedermos
    Como de início.

MENÊNIO

             E eu lá o levarei.
    (*para os Senadores*)
    Por favor, acompanhem-me; ele precisa vir
340   Ou pior ainda acontecerá.

1º SENADOR

    Vamos com ele. (*Saem.*)

Cena II

(*Entra Coriolano com Nobres.*)

CORIOLANO

    Mesmo que me arranquem as orelhas,
    Mostrem morte na roda ou arrastado
    Por patas de cavalos, ou empilhem
    Dez Tarpéias[1], pra que a queda aumente
5   Pra muito além da vista, eu continuo
    Assim com eles.

(*Entra Volúmnia.*)

---
[1] N.T. Da rocha Tarpéia, na colina Capitolina, traidores e assassinos eram atirados.

PATRÍCIO

                    É por ser tão nobre.

CORIOLANO

    Espanta-me que minha mãe
Não me aplauda mais, já que sempre os disse
Uns escravos lanudos, inventados
10   Pra serem negociados por tostões,
Sem chapéu, boquiabertos, deslumbrados
Se o pior ordenança põe-se em pé
Pra falar de guerra ou paz. E os senhores?
Por que me querem suave? Por que falso
15   À minha natureza? Digam, antes,
Que eu faça o meu papel.

VOLÚMNIA

                    Senhor, senhor,
Devia vestir bem o seu poder,
Antes de esfarrapá-lo.

CORIOLANO

          Chega disso.

VOLÚMNIA

    Bem poderia ser o homem que é,
20   Tentando menos: seriam menores
Os seus tropeços de temperamento
Se não mostrasse tudo o que sentia
Antes que não pudessem mais frustrá-lo.

CORIOLANO

Que eles se enforquem!

VOLÚMINA

              E também se queimem!

(*Entra Menênio com os Senadores.*)

MENÊNIO
25 Vamos, você foi rude, muito rude.
Tem de voltar e consertar as coisas.

1º SENADOR
Não há outro remédio,
Se o não fizer, nossa boa cidade
Racha no meio e morre.

VOLÚMNIA
                    É bom que ouça.
30 Meu coração é rijo como o seu,
Porém meu cérebro utiliza a raiva
Com mais proveito.

MENÊNIO
                Disse bem, senhora
Antes que ele cedesse assim ao gado,
Se a crise do momento não pedisse
35 Remédio forte para todo o Estado,
Eu vestia a armadura que o meu corpo
Mal sustenta.

CORIOLANO
            O que devo então fazer?

MENÊNIO
Voltar aos tribunos.

CORIOLANO
                E então? Depois?

MENÊNIO
    Desculpe-se pelo que disse.

CORIOLANO
40   A eles? Não o faço nem aos deuses,
Por que a eles?

VOLÚMNIA
             Não seja absoluto.
Nisso jamais será nobre demais,
Porém o ouvi dizer que, em caso extremo,
Honra e política, quais dois amigos,
45   Na guerra unem-se: diga-me então
Se numa paz em que uma perde a outra,
Não se devem unir.

CORIOLANO
             Ora.

MENÊNIO
             Bem posto.

VOLÚMNIA
    Se em sua guerra é honra parecer
O que não é, se pra melhores fins
50   Essa é a opção política, por que
Será melhor ou não, na paz, mantê-la
Junto à honra, na paz, se para ambas
Há igual necessidade?

CORIOLANO
             Por que insiste?

VOLÚMNIA

    Porque agora é que lhe vai caber
55 Falar ao povo; não pelo que pensa,
  Nem pelo que lhe diz o coração,
  Mas com palavras tão só decoradas
  Por sua língua, mesmo que bastardas,
  Sílabas falsas segundo o seu peito.
60 Isso não vai trazer-lhe mais desonra,
  Do que tomar com lábia uma cidade,
  Que de outro modo custaria sangue
  E risco à sua fortuna.
  Eu dissimularia a natureza
65 Onde o fado e os amigos o exigissem;
  E o faria com honra. Eu falo aqui
  Qual filho, esposa, senador ou nobre;
  Ou prefere mostrar à sua gentalha
  Um ar zangado a bajular um pouco
70 Para comprar o amor e a segurança
  Cuja falta é a ruína.

MENÊNIO

      Que nobreza!
  Venha; seja gentil: e talvez salve
  Não perigos presentes, mas a perda
  Do que passou.

VOLÚMNIA

      Eu lhe imploro, meu filho,
75 Vá lá com eles, de chapéu na mão,
  E se chegou a tanto — siga os outros —
  Beije o chão com o joelho — nesses casos

A ação fala, e os olhos do ignorante
Valem mais que os ouvidos; com a cabeça
80 Muita vez se corrige o coração,
Humilde como o arbusto maduro
Que cede ao toque; ou então diga a eles
Que é seu soldado, treinado pra brigas,
Sem o jeito suave que, confessa,
85 É o que devia usar, como eles querem,
Ao pedir seu amor; mas pro futuro
Há de portar-se como querem eles,
Em pessoa e poder.

MENÊNIO
     E se fizer
Assim como ela diz, os terá todos.
90 Pois o perdão, pedido, é para eles
Palavra das mais fáceis.

VOLÚMNIA
     Por favor
Vá; siga os seus conselhos. Sei que antes
Lutar com o inimigo nos infernos
Que bajulá-lo entre flores.
(*Entra Comínio.*)
     Eis Comínio.

COMÍNIO
95 Fui ao mercado e, senhor, convém
Que vá com um grupo forte, e se defenda
Por calma ou por ausência. 'Stão em fúria.

MENÊNIO
Ou fala amável

                    Também serve, se ele
      Domar o espírito.

VOLÚMNIA
                         Tem de domá-lo.
100   Diga que sim, por favor, e vá logo.

CORIOLANO
      Devo ir com a cabeça descoberta,
      Com língua falsa a trair a nobreza
      Do coração? Muito bem, vou fazê-lo.
      Se a se perder houvesse só meu corpo,
105   Este molde dos Márcios, eu faria
      Em pó pros ventos tudo. Pro mercado!
      Deram-me agora um papel que jamais
      Eu farei bem.

COMÍNIO
                   Vamos. Nós ajudamos.

VOLÚMNIA
      Peço que agora, como outrora disse
110   Que meu aplauso o fez soldado, tendo
      Pra isso as minhas loas, represente
      Seu papel como nunca.

CORIOLANO
                         É necessário.
      Adeus, meus sentimentos. Que o espírito
      De uma puta me possua! A minha voz
115   Guerreira, que rufava, vire flauta
      Fina de eunuco, ou voz virgem que embala

O sono do neném! Risos de crápula
Acampem no meu rosto, enquanto o pranto
Do colegial estilhaça o cristal
120 Destes meus olhos! Língua de mendigo
Me mexa os lábios! Joelhos armados,
Que só dobravam pra montar, imitem
Quem recebeu esmola! Eu não posso,
Senão deixo de honrar minha verdade
125 E com meu corpo ensino a minha mente
A ser pra sempre vil.

VOLÚMNIA

Então escolha:
Eu me desonro mais ao implorar-lhe
Do que a eles você. Venha a ruína!
Sua mãe prefere a dor do seu orgulho
130 À bravura imprudente. Encaro a morte
Como o leão. Faça o que bem quiser.
Meu leite alimentou sua coragem,
Mas o orgulho é só seu.

CORIOLANO

Calma, eu lhe peço.
Mãe, não me repreenda; eu já vou indo
135 Para o mercado. Qual um saltimbanco
Conquisto os corações e volto amado
Por todos os ofícios. Já estou indo.
Saúdem minha esposa. Volto cônsul,
Ou nunca mais confiem nesta língua
Pra mais bajulações.

VOLÚMNIA

140   Como quiser. (*Sai.*)

COMÍNIO
>Os tribunos esperam. 'Stejam prontos
>Pra falar doce, pois nos prepararam
>Acusações, me dizem, mais violentas
>Que as feitas até aqui.

CORIOLANO
145   "Doce" é a palavra. Vamos, por favor.
>Que eles me acusem com invenções; pois eu
>Respondo com minha honra.

MENÊNIO

                            Mas bem doce.

CORIOLANO
>Pois bem, que seja doce. Docemente! (*Saem.*)

Cena III

(*Entram Sicínio e Brutus.*)

BRUTUS
>Acuse-o nesse instante de abraçar
>Poder tirânico. Se escapa dessa,
>Explore o muito mal que quer ao povo,
>Lembrando que o butim dos Antíates

Não foi distribuído.
(*Entra um Edil.*)
5   E ele, vem?

EDIL

Ele 'stá vindo.

BRUTUS

                Quem o acompanha?

EDIL

Menênio e mais aqueles senadores
Que sempre o apoiaram.

SICÍNIO

                    Tem a lista
Dos votos todos que já conseguimos
De acordo com o registro?

EDIL

10   'Stá aqui pronta.

SICÍNIO

E os reuniu por tribo?

EDIL

                  Sim, senhor.

SICÍNIO

Reúna logo aqui o povo todo:
Ao me ouvirem dizer "Assim será
Por força e por direito dos comuns",
15   Seja morte, multa ou banimento. Gritem
"Multa", se multa, "Morte" se for morte,

Sempre insistindo na prerrogativa
E no poder de verdade na causa.

EDIL

Eu os informarei.

BRUTUS

20 E quando a gritaria começar,
Que ela não pare, pra na barulhada
Forçar execução imediata
Da sentença que dermos.

EDIL

Muito bem.

SICÍNIO

Têm de estar fortes, prontos para a deixa,
Se nós a dermos.

BRUTUS

25 Vá preparar tudo.
(*Sai o Edil.*)
Deixe-o com raiva logo; o seu costume
É conquistar, e fazer valer sempre
A discussão. Mas, zangado, ninguém
O traz de volta à calma; e então diz
30 O que lhe vai na alma; é o que nos falta
Pra quebrar-lhe o pescoço.

SICÍNIO

Aí vem ele.

(*Entram Coriolano, Menênio e Comínio, com outros.*)

MENÊNIO
> Com muita calma, eu peço.

CORIOLANO
> Como albergueiro que por quase nada
> Aceita ouvir canalha muitas vezes.
35 Que os deuses guardem Roma, sua justiça
> Com mérito servida; mútuo amor
> Encham de paz os nossos grandes templos,
> E não de guerra as ruas.

1º SENADOR
> Sempre amém.

MENÊNIO
> Nobre desejo.

(*Entra o Edil com os Plebeus.*)

SICÍNIO
40 Povo, aproxime-se.

EDIL
> Ouçam os seus tribunos. Ouçam! Quietos!

CORIOLANO
> Primeiro, ouçam-me!

OS DOIS TRIBUNOS
> Pois bem, silêncio!

CORIOLANO
> Não me acusam de nada além do feito?
> Tudo se conclui aqui?

SICÍNIO

                    Eu exijo
45   Que, submetido ao voto popular,
Respeite os seus prepostos resignando-se
À censura legal por qualquer falta
Que venha a ser provada contra si.

CORIOLANO

Eu concordo.

MENÊNIO

50   Cidadãos, vejam que ele concordou.
Pensem em tudo o que ele fez na guerra:
Nas marcas em seu corpo que sugerem
Tumbas em campo santo.

CORIOLANO

                          Uns arranhões,
Cicatrizes risíveis.

MENÊNIO

                Pensem mais,
55   Que se não fala como um cidadão,
Nele há sempre o soldado. Não confundam
Seus tons mais rudes com algum malévolo;
São, como disse, dignos de um soldado,
E não ofensa ao povo.

COMÍNIO

                  Acabou, pronto.

CORIOLANO

60   Por que razão,
Sendo eleito pra cônsul com seus votos,

Fico tão desonrado que em uma hora
Retiram o já dado?

SICÍNIO

                Então responda-nos.

CORIOLANO

Então diga: está certo, é meu dever.

SICÍNIO

65 Nós o acusamos de ter conspirado
Pra se fixar como poder tirânico;
O que o transforma em traidor do povo.

CORIOLANO

O quê? Traidor?

MENÊNIO

              Com calma! Prometeu!

CORIOLANO

Que o pior dos infernos queime o povo!
70 Eu sou traidor? Tribuno injurioso!
Nem com vinte mil mortes nesse olhar,
Milhões em tuas mãos e a soma
Na tua falsa língua, e eu insistiria
Em dizer-te "Tu mentes" com a clareza
Com que aos deuses rezo.

SICÍNIO

75   Viram, povo!

TODOS OS PLEBEUS

Pra rocha! Pra rocha com ele!

SICÍNIO
> Paz!
> Não são precisas mais acusações,
> Tudo o que o viram fazer ou dizer,
> 80 Batendo em uns e maldizendo os outros,
> Com agressões à lei, desafiando
> Aqueles com poder para julgá-lo —
> É criminoso em nível capital,
> Merece a pior morte.

BRUTUS
> Porém como
> Bem serviu Roma...

CORIOLANO
> 85 E quem fala em servir?

BRUTUS
> Falo eu, que o sei bem.

CORIOLANO
> Fala você?

MENÊNIO
> Essa é a promessa feita a sua mãe?

COMÍNIO
> Ouça, eu imploro...

CORIOLANO
> Não ouço mais nada.
> Que sentenciem morte na Tarpéia,
> 90 Exílio a esmo, chibata ou prisão
> Pra morte à míngua, eu não compraria

Nem por uma palavra o seu perdão,
Nem mudaria nada pra ter deles
Qualquer coisa, tendo que dar "bom-dia".

SICÍNIO

95 Já que sempre, no que lhe foi possível,
Caluniou o povo, procurando meios
De tirar-lhe o poder, e agora, enfim,
O agrediu, não diante da justiça,
Mas nos próprios ministros que a fazem —,
100 Nós, em nome do povo e seus tribunos.
Neste instante o banimos da cidade,
E, sob pena de arremesso
Do alto da Tarpéia, o proibimos
De entrar em Roma. Em nome do povo,
105 Digo que assim será.

TODOS OS PLEBEUS

Assim será, assim será! Que se vá!
Está sendo banido; assim será!

COMÍNIO

Ouçam-me, mestres, comuns meus amigos!

SICÍNIO

Já há sentença; não se ouve mais nada.

COMÍNIO

110 Já fui cônsul, e por Roma eu ostento
Marcas de seus inimigos. Eu amo
O meu país com respeito mais terno,
Mais profundo e mais santo do que a vida,
Minha mulher e os frutos de seu ventre,

115 Tesouros de meu sangue: se aqui falo,
Então...

SICÍNIO

Falar o quê? Sei sua música.

BRUTUS

Não há o que dizer; já foi banido,
Inimigo do povo e do país,
'Stá decidido!

TODOS OS PLEBEUS

Sim! 'Stá decidido!

CORIOLANO

120 Ó matilha de cães de hálito imundo
Como o do poço envenenado! Odeio-os
Como às carcaças que, desenterradas,
Corrompem-nos o ar. Eu os renego;
Fiquem aqui com suas incertezas
125 Que até boatos fazem palpitar!
Que o farfalhar das plumas do inimigo
Enchem de horror! Terão poder ainda
Pra banir os fiéis — até que um dia
Sua ignorância (que não pensa, sente)
130 Que só poupou vocês, vai entregá-los
Como os mais humilhados dos cativos
A uma nação que os vença sem um golpe.
Por vocês eu desprezo Roma e parto:
Existe um mundo fora destes muros!

(*Saem Coriolano, Comínio, Menênio, com os outros Senadores e Patrícios.*)

EDIL

135   Foi-se! Partiu o inimigo do povo!

TODOS OS PLEBEUS

Nosso inimigo foi banido! Ele partiu! Se foi!

(*Todos gritam e atiram para o alto os gorros.*)

SICÍNIO

Vão todos atrás dele até as portas,
Como ele os seguiu com seu desprezo.
Que ele passe por todos os vexames.
140   Que ele atravesse a cidade guardado.

TODOS OS PLEBEUS

Vamos levá-lo às portas da cidade!
Deuses! Protejam os nossos tribunos! (*Saem.*)

Ato IV

Cena I

(*Entram Coriolano, Volúmnia, Virgília, Menênio, Comínio, com a jovem nobreza de Roma.*)

CORIOLANO
>Nada de lágrimas! Adeus. A besta
>De muitas cabeças me enxota. Mãe,
>Onde a coragem de sempre? Dizia
>Que o ato extremo é que testa os espíritos,
>5 E que o comum gente comum enfrenta;
>Que no mar calmo todo e qualquer barco
>Navega bem; os golpes da fortuna,
>Quando acertam, exigem do ferido
>Reação nobre. A senhora cobriu-me
>10 De preceitos que tornam invencível
>O coração que os conhece.

VIRGÍLIA
>Ó céus! Ó céus!

CORIOLANO
>Não, mulher, eu lhe peço.

VOLÚMNIA

    Que a peste pegue os artesãos de Roma,
    Morram as profissões!

CORIOLANO

              O que é isso?
15   Serei amado ao faltar. Minha mãe,
    Retome o espírito com que dizia
    Que, casada com Hércules, faria
    Uns seis de seus trabalhos, pra poupar
    Cansaço a seu marido. Bom Comínio,
20   Não sofra: adeus. Adeus, mulher, e mãe:
    Eu hei de ficar bem. Fiel Menênio,
    Seu pranto mais salgado que o dos jovens,
    Faz mal aos olhos. Velho general,
    Já o vi tão austero presenciando
25   Visões tão tristes; diga a essas mulheres
    Que é tolice chorar o inevitável,
    Assim como rir dele. Mãe, bem sabe
    Que meus perigos foram seu consolo.
    Eu lhe garanto que, mesmo indo só,
30   Qual dragão solitário cujo charco
    O faz temido e raramente visto,
    Seu filho fará algo de notável,
    Ou cairá por iscas ardilosas.

VOLÚMNIA

    Pra onde irás, meu filho? Leva um pouco
35   Contigo o bom Comínio; elege um curso,
    Ao invés de te expores ao acaso
    Que se ofereça a ti.

VIRGÍLIA

            Mas pelos deuses!

COMÍNIO

    Consigo irei um mês, pra resolvermos
    Onde há de ficar, pra ter notícias
40   E mandá-las, também. Pra quando houver
    Razão para chamá-lo, não fiquemos
    Buscando um homem só por todo o mundo,
    Perdendo a hora certa que se esfria
    Na falta do que necessita.

CORIOLANO

            Adeus.
45   O senhor tem idade e já transborda
    Co'os efeitos da guerra pra rolar
    Com quem está novo: venha até a porta.
    Vamos, esposa doce, mãe querida,
    E amigos nobres: quando eu for sair,
50   Digam adeus sorrindo. Vamos, peço:
    Enquanto andar pela terra, garanto,
    Terão notícias minhas; e nada em mim
    Será diverso do que fui.

MENÊNIO

            Mais mérito
    Ninguém pode pedir. Nada de choro.
55   Se eu pudesse tirar uns sete anos
    Destes braços e pernas, pelos deuses
    Eu sempre o seguiria.

CORIOLANO

                    Dê-me a mão.
Vamos. (*Saem.*)

Cena II

(*Entram os dois Tribunos, Sicínio e Brutus, com o Edil.*)

SICÍNIO

Mande-os pra casa. Ele partiu; acabou.
Os nobres, que ficaram do seu lado,
'Stão zangados.

BRUTUS

               Mostrada a nossa força,
Pareçamos agora mais humildes
5   Do que na luta.

SICÍNIO

Mande-os para casa.
Diga que o grande inimigo se foi,
E o poder 'stá intacto.

BRUTUS

             É dispersá-los.
(*Sai o Edil.*)
Aí vem a mãe.

(*Entram Volúmnia, Virgília e Menênio.*)

SICÍNIO
>Vou evitá-la.

BRUTUS
Por quê?

SICÍNIO
10   Porque já dizem que está louca.

BRUTUS
Já nos notaram; siga o seu caminho.

VOLÚMNIA
Salve! Que as pragas todas que o céu guarda
Coroem o seu amor.

MENÊNIO
>Mais baixo, eu peço.

VOLÚMNIA
Se chorasse mais baixo, inda ouviriam —
15   Não; todos hão de ouvir (*para Brutus*) O quê, já vai?
(*para Sicínio*) Deve ficar também.

VIRGÍLIA
>Quem dera a mim
Dizê-lo ao meu marido.

SICÍNIO
>Mas pertence
À raça dos homens?

VOLÚMNIA
Sim, tolo; e é vergonha? Não foi homem
20   Meu pai, tolo? Mas você foi raposa

142

Para banir quem lutou mais por Roma
Do que você só falou?

SICÍNIO

Pelos céus!

VOLÚMNIA

Mais atos nobres do que o seu saber,
Só pelo bem de Roma. E mais... já vai?
25 Fique, também. Quisera eu ver meu filho
No deserto, com a sua tribo à frente,
E a espada em punho.

SICÍNIO

E daí?

VIRGÍLIA

E daí?

VOLÚMNIA

Seria o fim de sua posteridade,
Com bastardos e tudo.
30 Homem, as marcas que ele tem por Roma!

MENÊNIO

Vamos embora, paz!

SICÍNIO

Quem dera fossem sempre pro país,
Como no início, e nunca desmanchasse
O nobre compromisso.

BRUTUS

Sim, quem dera.

VOLÚMNIA

35 "Quem dera!" Insufladores da ralé:
Gatos tão aptos a julgar seu mérito
Quanto eu os mistérios que, os do céu,
Não querem que a terra saiba.

BRUTUS

                              Já vamos.

VOLÚMNIA

Agora, por favor, saiam daqui.
40 Fizeram grande feito. E ouçam, ainda:
Na mesma dimensão que o Capitólio
Supera uma choupana, assim meu filho —
Marido desta dama aqui; 'stão vendo? —
Que foi banido, excede a vocês todos.

BRUTUS

Muito bem, nós já vamos.

SICÍNIO

45   Sim: por que
Ficar pra ouvir ofensas de uma louca?

(*Saem os Tribunos.*)

VOLÚMNIA

Levem minhas preces!
Quem dera os deuses não fizessem mais
Que confirmar minhas pragas! Se eu os visse
50 Uma só vez por dia, extravasava
O que me pesa o peito.

ROMANO

    O mesmo, senhor.

VÓLCIO

    Tinha mais barba quando o conheci, mas a fala me faz reconhecê-lo. Quais as novas em Roma? Tenho instruções do Estado vólcio para procurá-lo lá; o senhor me poupou um bom dia de viagem.

ROMANO

    Tem havido insurreições estranhas em Roma: o povo contra os senadores, os patrícios e os nobres.

VÓLCIO

    Tem havido? Mas acabaram? Assim não pensa o nosso Estado; estamos em meio a preparativos dos mais guerreiros, esperando surpreendê-los no calor de suas desavenças.

ROMANO

    O pior fogo apagou-se, mas qualquer coisinha traz de volta as chamas. Pois os nobres sentiram tanto o banimento do bravo Coriolano, que estão no ponto para caçar todo o poder do povo, tirando-lhe seus tribunos para sempre. Eu lhes digo que essa brasa ainda queima, e já está quase pronta para explodir.

VÓLCIO

    Coriolano banido?

ROMANO

    Banido, meu senhor.

VÓLCIO

    Com tal informação, será bem-vindo, Nicanor.

MENÊNIO

            Foi no alvo,
E sei que com razão. Ceia comigo?

VOLÚMNIA

            A ira é a minha carne; me comendo,
Vou morrer do alimento. Agora, vamos,
55   Não chorem; lamento certo é o meu,
De fúria, como Juno. Vamos, vamos.
(Saem Volúmnia e Virgília.)

MENÊNIO

    Que vergonha! *(Sai.)*

Cena III

(Entram um Romano e um Vólcio.)

ROMANO

    Eu o conheço bem, senhor, como me conhece: seu nome, creio, é Adriano.

VÓLCIO

    É, sim, senhor; mas na verdade esqueci quem é.

ROMANO

    Sou um romano; e meus serviços, como os seus, são
5   contra eles. Não me conhece?

VÓLCIO

    Não é Nicanor?

ROMANO

    O dia está favorável a eles. Ouvi dizer que o melhor momento para se corromper a mulher de outro homem é quando ela está brigada com o marido. O seu nobre Túlio Aufídio fará boa figura nessa guerra, com seu grande oponente, Coriolano, não estando a serviço de seu país.

VÓLCIO

    Na certa. Foi uma sorte este nosso encontro acidental. O senhor concluiu minha tarefa, e com alegria eu o acompanharei até a sua casa.

ROMANO

    De agora até a ceia eu lhe contarei a maior parte das coisas estranhas que têm ocorrido em Roma, todas favoráveis a adversários. Disse que já estão com um exército pronto?

VÓLCIO

    Dos mais régios: os centuriões e seus comandados devidamente arrolados, já mobilizados, para estarem formados com uma hora de aviso.

ROMANO

    Alegra-me saber que está tudo pronto, e creio ser eu o homem que os porá em ação. Portanto, senhor, foi mesmo bom nosso encontro, e fico muito contente com a sua companhia.

VÓLCIO

    Senhor, está trocando de lugar comigo: eu é que tenho mais motivo pra gozar da sua.

ROMANO

    Pois muito bem, vamos juntos. (*Saem.*)

Cena IV

(*Entra Coriolano com trajes pobres, disfarçado e embuçado.*)

CORIOLANO

    Bonita cidade, Anzio. Cidade
    Cujas viúvas eu fiz. Muito herdeiro
    Desses prédios tão belos, derrubei
    Em batalha. Que ninguém me conheça!
5   Pra mulheres e filhos, paus e pedras,
    Não me matarem em guerra mesquinha.
    (*Entra um Cidadão.*)
    Salve, senhor.

CIDADÃO

              E ao senhor.

CORIOLANO

              Por favor,
    Procuro o grande Aufídio. 'Stá em Anzio?

CIDADÃO

    Está, e há uma festa pra seus nobres
    À noite, em sua casa.

CORIOLANO

10   E qual é ela?

CIDADÃO

    Essa primeira.

CORIOLANO

                Obrigado. Boa-noite.
(*Sai o Cidadão.*)
Mundo escorregadio! Bons amigos,
Cujos dois corações hoje são um,
Que no lazer, dormir, comer, correr,
15   Ficam juntos, quais gêmeos, num carinho
Que os faz inseparáveis, numa hora
Uma briga por nada muda tudo
Em acre inimizade: e os inimigos,
Cujo ódio mortal povoa o sono
20   Com tramas mútuas, por um mero acaso,
Uma bobagem, ficam muito amigos
E aliam suas causas. É o meu caso:
Odeio a minha terra e passo a amar
A cidade inimiga. Vou entrar:
25   Se me matar, é justo; se me ouvir,
Servirei sua pátria. (*Sai.*)

Cena V

(*Tocam música. Entra um Criado.*)

1º CRIADO

    Vinho, vinho, vinho! Mas isso é serviço? Me parece que nossos homens estão todos dormindo. (*Sai.*)

(*Entra outro Criado.*)

2º CRIADO
>Onde está Cotus? O amo está chamando por ele. (*Sai*.)

(*Entra Coriolano*.)

CORIOLANO
>É boa a casa: a festa cheira bem,
>Mas aqui não sou convidado.

(*Volta o primeiro Criado*.)

1º CRIADO
>O que deseja, amigo? De onde vem? Aqui não é lugar para você: por favor, vá até a porta! (*Sai*.)

CORIOLANO
>Eu não seria mais bem recebido
>Se fosse Coriolano.

(*Entra o segundo Criado*.)

2º CRIADO
>De onde vem, senhor? Será que o porteiro está com os olhos no lugar, deixando entrar esses seus companheiros? Por favor, saia daqui.

CORIOLANO
>Afaste-se!

2º CRIADO
>Afastar-me? Afaste-se você!

CORIOLANO
>Agora já está me perturbando.

2º CRIADO

    Mas que insolência! Vou mandar alguém falar com você.

(*Entra o terceiro Criado. O primeiro encontra-se com ele.*)

3º CRIADO

    Quem é esse sujeito?

1º CRIADO

    O mais esquisito que já vi. Não consigo pô-lo para fora. Por favor chame o amo para dar jeito nele.

(*Afasta-se.*)

3º CRIADO

20   O que é que você está fazendo aqui, homem? Por favor, deixe a casa.

CORIOLANO

    Deixem-me ficar parado aqui; não farei mal ao seu fogão.

3º CRIADO

    Você é o quê?

CORIOLANO

25   Um cavalheiro.

3º CRIADO

    Espantosamente pobre.

CORIOLANO

    É verdade que sim.

3º CRIADO
>Por favor, cavalheiro pobre, vá buscar outro posto. Aqui não é lugar para o senhor; por favor, deixe-nos. Vamos.

CORIOLANO
30 >Cumpra as suas funções, vá engordar com restos frios.

(*Empurra-o para longe de si.*)

3º CRIADO
>O quê? Não vai? Por favor, vá contar ao amo que convidado esquisito ele tem aqui.

2º CRIADO
>Já estou indo.

(*Sai o segundo Criado.*)

3º CRIADO
>Aonde mora?

CORIOLANO
35 >Sob um dossel.

3º CRIADO
>Sob um dossel?

CORIOLANO
>É.

3º CRIADO
>E onde é isso?

CORIOLANO
>Na cidade dos corvos e dos urubus.

3º CRIADO

    Na cidade dos corvos e urubus? Mas que asno! E mora com as gralhas também?

CORIOLANO

    Não; eu não sirvo o seu amo.

3º CRIADO

    Mas o que é isso? Está se metendo com o meu amo?

CORIOLANO

    O que é serviço mais honesto do que me meter com a sua asma. Você fala demais! Vá servir com seu trinchante. Fora!

(Bate nele para que saia. Sai o terceiro Criado.)
(Entra Aufídio com o segundo Criado.)

AUFÍDIO

    Onde está o sujeito?

2º CRIADO

    Aqui, senhor; eu o teria espancado como a um cão, mas não quis perturbar os nobres lá dentro.

(Retira-se.)

AUFÍDIO

    De onde vens? O que queres? O teu nome?
Não falas? Qual o teu nome?

CORIOLANO *(Desembuçando-se.)*

    Se Túlio

Inda não me conhece e, ao ver-me, não
Percebe quem eu sou, será preciso
Que diga eu meu nome.

AUFÍDIO

55   Qual é ele?

(*Saem os Criados.*)

CORIOLANO

Nome sem música pr'ouvidos vólcios,
E de som duro aos teus.

AUFÍDIO

                      Qual é teu nome?
Teu aspecto é soturno, mas teu rosto
É de comando. Até com as velas rotas
60   Mostra-se nobre tua nave. O teu nome?

CORIOLANO

Tu vais zangar-te. Inda não me conheces?

AUFÍDIO

Não te conheço! O teu nome?

CORIOLANO

Meu nome é Caio Márcio, o que infligiu
Especialmente a ti, e aos vólcios todos,
65   Grandes males e dores, como o prova
Meu sobrenome de Coriolano.
As dores e os perigos, como o sangue
Que dei à pátria ingrata foram pagos
Só co'esse sobrenome: um bom lembrete

70 E testemunha da malícia e da raiva
Que me deves nutrir. Só resta o nome.
A crueldade e a inveja do povo,
Com a permissão desses nobres calhordas
Que me abandonam, comeram o resto;
75 E permitiram que, por voto escravo,
Me enxotassem de Roma. E essa desgraça
É que me trouxe aqui à tua lareira,
Não na esperança de salvar a vida:
Pois se eu temesse a morte, dentre os homens
80 Te teria evitado; por despeito,
Pra ficar quite co'os que me baniram,
Aqui estou frente a ti. Mas se tens
Queixas no peito e desejas vingar-te
Do mal que a ti foi feito, interrompendo
85 O jorro de vergonha em tua terra,
Apressa-te em fazer minha miséria
Servir-te, e minha obra de vingança
Beneficiar-te; pois eu lutarei
Contra meu país podre com a maldade
90 De mil demônios. Mas se por acaso
Tu não o ousas, ou pra novas lutas
Estás cansado, eu também deixarei
De enfrentar esta vida, e ofereço
A ti e ao teu rancor minha garganta:
95 A qual, se a não cortares, és um tolo,
Já que eu te persegui sempre com ódio,
De teu país suguei rios de sangue,
Só podendo viver pra tua vergonha
A não ser que te sirva.

AUFÍDIO

                Márcio, Márcio!
100   Cada palavra arrancou de meu peito uma raiz
Da má erva da inveja. E se Júpiter
De uma nuvem falasse, em tom divino,
Pra dizer "É assim", não cria eu mais
Do que em ti, nobre Márcio. Que os meus braços
105   Possam agora envolver esse corpo
No qual cem vezes parti minha lança
Marcando a lua com lascas. Abraço
A bigorna do meu aço, e me engajo
Com a mesma nobreza ao teu amor
110   Quanto jamais, com a força da ambição,
Lutei com o teu valor. Sabe, primeiro,
Que amei a minha noiva; homem algum
Suspirou mais; mas ver-te aqui, agora,
Faz dançar inda mais meu coração
115   Do que ver minha amada, após a boda,
Cruzar a minha porta. Marte vivo,
'Stá pronta a tropa, e era meu intento
Outra vez arrancar-te escudo e carne,
Ou perder o meu braço. Me venceste
120   Doze vezes, e as minhas noites todas
São sonhos de combates entre nós —
No meu sono nós já nos derrubamos,
Sem elmo, nos pegamos as gargantas —
E acordei semimorto e sem nada.
125   Márcio, sem outra queixa contra Roma
Que não o teu exílio, todos nós
Entre os sete e os setenta, qual dilúvio,

Pelas entranhas dessa Roma ingrata
Verteríamos guerra. Entra agora,
130 Toma a mão, como amigo, aos senadores
Que aqui estão para se despedir
De mim, que ia atacar teus territórios,
Mas não a própria Roma.

CORIOLANO
                      É uma bênção!

AUFÍDIO
Portanto, grande herói, se desejares
135 Ser comandante da própria vingança,
Toma-me meia tropa e faz os planos
Como melhor julgar, já que conheces
Do teu país a força e a fraqueza:
Se é nas portas de Roma que batemos,
140 Ou se atacamos pontos mais distantes
Para assustar e só depois destruir.
Mas entra, para conhecer primeiro
Os que hão de atender os teus desejos.
Mil vezes bem-vindo!
145 Seja maior amigo que inimigo —
E o foi grande! A tua mão! Bem-vindo!

(Saem Coriolano e Aufídio.)
(Avançam os dois Criados.)

1º CRIADO
Mas que alteração estranha!

2º CRIADO
Com minha mão pensei em bater nele com o porrete;

mas a cabeça dizia que aquelas roupas davam informações erradas sobre ele.

1º CRIADO

Que braço ele tem! Me virou, com dois dedos, como se estivesse rodando um pião.

2º CRIADO

Eu bem que vi, pela cara, que havia qualquer coisa nele. Ele tinha, senhor, uma espécie de rosto que me fez pensar — não sei como dizer.

1º CRIADO

E tinha mesmo, parecendo assim como — quero ser enforcado se não pensei que havia mais coisas nele do que eu podia pensar.

2º CRIADO

Eu também, juro. Ele é simplesmente, o homem mais raro deste mundo.

1º CRIADO

Penso que sim: mas soldado maior do que ele, o senhor conhece.

2º CRIADO

Quem? O meu amo?

1º CRIADO

Bem, isso não importa.

2º CRIADO

Vale seis dele.

1º CRIADO
Não, também não é assim. Mas acho que é o melhor soldado.

2º CRIADO
Para falar a verdade, veja, não se sabe como acertar essas coisas: para a defesa de uma cidade o nosso general é
170 excelente.

1º CRIADO
Se é. E para ataque, também.

(*Entra o terceiro Criado.*)

3º CRIADO
Escravos, tenho novidades, novidades, seus safados.

1º e 2º CRIADOS
O quê? O quê? O quê? Conta logo.

3º CRIADO
Entre todas as nações, eu não gostaria de ser um romano;
175 seria o mesmo que querer ser um condenado.

1º e 2º CRIADOS
Por quê? Por quê?

3º CRIADO
Ora, porque está aqui o que costumava surrar o nosso general, Caio Márcio.

1º CRIADO
Por que diz "surrar o nosso general"?

159

3º CRIADO

180 Não digo "surrar o nosso general"; mas sempre dava conta dele.

2º CRIADO

Ora vamos, nós somos colegas e amigos: ele sempre foi duro demais para ele; eu ouvi o próprio dizer isso.

1º CRIADO

Era duro demais para ele assim em confronto direto,
185 para dizer a verdade: diante de Corioli ele o riscou e cortou como um peixe marinado.

2º CRIADO

E se tivesse queda para canibal, poderia tê-lo grelhado e comido, também.

1º CRIADO

Mas conte as novidades.

3º CRIADO

190 Ora, está sendo tratado lá dentro como se fosse filho e herdeiro de Marte; sentou-se à cabeceira para cear; não houve senador que, para fazer-lhe alguma pergunta, não se descobrisse. O nosso próprio general trata ele como amante, santifica-se com a mão dele e vira o branco dos
195 olhos quando fala. Mas a essência da novidade é que o nosso general foi cortado pelo meio, e é só metade do que era ontem; pois o outro ficou com metade, a pedido e concessão da mesa inteira. Diz ele que vai puxar as orelhas do porteiro das portas de Roma. Que vai ceifar
200 tudo o que encontrar pela frente, deixando a passagem limpa.

2º CRIADO

E é mais provável que ele o faça do que qualquer outro homem que eu possa imaginar.

3º CRIADO

Que o faça? Claro que faz: pois saibam, meus senhores, que eles têm tantos amigos quanto inimigos; amigos esses, senhor, por assim dizer, que não ousam, saiba, senhor, mostrar-se, como dizemos, seus amigos, enquanto ele estiver nessa diretitude.

1º CRIADO

Diretitude? Mas o que é isso?

3º CRIADO

Mas quando o virem, senhor, de crista alta novamente, e o homem em sangue, vão sair de seus buracos, como coelhos depois da chuva, e comemorarem todos com ele.

1º CRIADO

Mas quando é que avançam?

3º CRIADO

Amanhã, hoje, daqui a pouco; hoje à tarde começam a rufar os tambores. É como se fosse parte da festa deles, a ser feito antes de eles limparem a boca.

2º CRIADO

Então vamos ter de novo um mundo agitado. Esta paz só serve para enferrujar ferro, enriquecer alfaiates, e criar compositores de baladas.

1º CRIADO

Que venha a guerra, digo eu. Ela é tão melhor do que

a paz quanto o dia melhor que a noite: anda esperta, faz
barulho e até tem cheiro. A paz é apoplexia, uma
letargia; opaca, surda, sonolenta, insensível; que fabrica
mais bastardos do que a guerra destrói homens.

2º CRIADO

É isso mesmo, e assim como as guerras, de algum modo,
pode ser acusada de violentadora, assim também
ninguém pode negar que a paz é uma grande fabricadora
de cornos.

1º CRIADO

Não, e ainda faz os homens se odiarem uns aos outros.

3º CRIADO

Motivo: é porque nessas horas eles precisam menos uns
dos outros. Eu ponho o meu dinheiro na guerra. Espero
ver os romanos tão baratos quanto os vólcios. Estão-se
levantando. Estão-se levantando.

1º e 2º CRIADOS

Pra dentro! Pra dentro! Pra dentro! (*Saem.*)

Cena VI

(*Entram os dois Tribunos, Sicínio e Brutus.*)

SICÍNIO

Não há novas, nem há por que temê-lo;
Seus remédios são doces nesta paz,
E na quietude do povo que, inda há pouco,

'Stava em pressa selvagem. Seus amigos
Coram com o mundo em paz, pois haviam,
Mesmo sofrendo com isso, previsto
Gente em conflito perturbando as ruas,
E vêem o comércio cantando nas lojas,
E trabalhando alegre.

BRUTUS

Firmamos pé na hora.
(*Entra Menênio.*)
                      Esse é Menênio?

SICÍNIO

É ele, é ele. Ficou tão bondoso
Agora. Ave, senhor.

MENÊNIO

              A ambos ave.

SICÍNIO

Coriolano não faz muita falta,
Senão aos amigos: resiste a pátria,
Como o faria ante mais zanga dele.

MENÊNIO

'Stá tudo bem, mas 'staria melhor
Com mais bom senso dele.

SICÍNIO

                Onde anda? Sabem?

MENÊNIO

Eu não tenho notícias, como a mãe
E a mulher também não têm.

(*Entram três ou quatro Cidadãos.*)

TODOS
> Que os deuses preservem ambos!

SICÍNIO
20
> > > > Bom-dia, vizinhos.

BRUTUS
> Bom-dia a todos, bom-dia a todos.

1º CIDADÃO
> Nós, mulheres e filhos, de joelhos
> Temos de orar por ambos.

SICÍNIO
> > > Bons votos!

BRUTUS
> Que passem bem. Quem dera Coriolano
> Os amasse como nós.

TODOS
25
> > > Sim, pelos deuses!

AMBOS OS TRIBUNOS.
> Passem bem. Passem bem.

(*Saem os Cidadãos.*)

SICÍNIO
> Este é um tempo mais feliz e ameno
> Que quando eles corriam pelas ruas
> Criando confusão.

BRUTUS
> > Márcio era grande

30   Em toda guerra, porém insolente,
        Orgulhoso e de ambição infinita.
        Só ama a si.

SICÍNIO

                    E pensa em trono único
        Sem outro apoio.

MENÉNIO

                        Eu não julgo assim.

SICÍNIO

        Nós já teríamos, por azar nosso,
35   Tido a certeza, se ele fosse cônsul.

BRUTUS

        Os deuses o impediram, e hoje Roma
        'Stá bem sem ele.

(*Entra um Edil.*)

EDIL

                    Meus nobres tribunos,
        Há um escravo atirado na prisão
        Que diz terem os vólcios duas forças,
40   Já entrado em território romano,
        E co'a maior maldade de uma guerra
        Destroem tudo o que encontram.

MENÉNIO

                            É Aufídio,
        Que ao saber exilado o nosso Márcio,
        Desnuda os chifres de novo pr'o mundo,

45   Que com Márcio por Roma recolhia,
        Sem ousar pô-los fora.

SICÍNIO

                    Mas precisa
    Falar de Márcio?

BRUTUS

    Açoite o boateiro. É impossível
    Que os vólcios ousem romper.

MENÊNIO

                      Impossível?
50   O passado nos diz muito possível,
        Com três exemplos muito semelhantes
        Só no meu tempo. Indaguem do sujeito,
        Antes de castigá-lo, onde ouviu isso,
        Pra não chicotear informações
55   E punir quem lhes diz pra ter cuidado
        Co'o que temem.

SICÍNIO

                Não quero saber nada.
    Eu sei que é impossível.

BRUTUS

                    Impossível.

(*Entra um Mensageiro.*)

MENSAGEIRO

    Muito sérios, os nobres se dirigem
    Para o Senado. Chegaram notícias
    Que lhes altera o rosto.

SICÍNIO
60   É esse escravo —
Vá açoitá-lo em público — que provoca
Isso só co'o que diz.

MENSAGEIRO
                    Mas, meu senhor,
O que ele diz foi confirmado; e mais,
Bem mais terrível, chega.

SICÍNIO
                    Mais terrível?

MENSAGEIRO
65   Corre de boca em boca, livremente,
Se é plausível não sei, que Caio Márcio,
Unido a Aufídio, marcha contra Roma,
Jurando uma vingança que açambarca
Jovens e velhos.

SICÍNIO
                  Seria bem provável!

BRUTUS
70   Espalhado pros fracos desejarem
O bom Márcio de volta.

SICÍNIO
                    É truque velho.

MENÊNIO
É implausível:
Ele e Aufídio não concordam mais
Que os mais violentos contrários.

(*Entra um segundo Mensageiro.*)

2º MENSAGEIRO

75 'Stão sendo convocados no Senado.
Hoste terrível, chefiada por Márcio,
Associado a Aufídio, destroça
Os nossos territórios, e o caminho
Já dominado, eles queimam e tomam
80 Tudo à sua frente.

(*Entra Comínio.*)

COMÍNIO

Fizeram bom trabalho.

MENÊNIO

Quais as novas?

COMÍNIO

Ajudaram a violentar suas filhas,
A derreter o chumbo da cidade
Sobre suas cabeças, e as esposas,
85 Sob seus narizes, serem desonradas...

MENÊNIO

O que há de novo? O que há de novo?

COMÍNIO

Seus templos calcinados, suas franquias,
Por que tanto lutaram, reduzidas
À ponta de uma pua.

MENÊNIO

O que é que houve?
90 Temo que tenham feito bom trabalho. —
Diga! Se Márcio se juntou aos vólcios...

COMÍNIO
>   É deus deles. E os lidera qual coisa
>   Feita por deusa não que a natureza
>   Que faz homens melhores; e o seguem
> 95 Contra nós como crianças, tão confiantes
>   Quanto menino atrás de borboleta,
>   Ou quem mata uma mosca.

MENÊNIO
>   Um bom trabalho!
>   Vocês e os artesãos tanto lutaram
>   Pelo voto do povo que era dado
> 100 Com hálito de alho!

COMÍNIO
> Vai jogar Roma nas suas cabeças.

MENÊNIO
> Qual Hércules aos frutos. Bom trabalho!

BRUTUS
> Mas é verdade?

COMÍNIO
>   Sim; e irão tremer
>   Até que as coisas mudem. Várias áreas
> 105 Revoltam-se sorrindo, e quem resiste
>   É caçoado por bravura estúpida,
>   E morre tolo fiel. E quem o culpa?
>   Seu inimigo (e dele) viu-lhe o mérito.

MENÊNIO
> 'Stamos todos perdidos a não ser
> Que ele tenha piedade.

COMÍNIO
110   E quem a pede?
Os tribunos não podem, por vergonha;
Esse povo a merece como o lobo
De um pastor. E se um amigo lhe diz
"Sê bom pra Roma" estaria pedindo
115 Como os que mais merecem o seu ódio,
Parecendo inimigo.

MENÊNIO
                    É verdade!
Se o visse pondo a acha em minha casa,
Que a queimaria, não teria eu cara
Para dizer "Não faça." Com essas mãos,
120 Boas vocês armaram! Que beleza!

COMÍNIO
Vocês trouxeram pra Roma um tremor
Sem remédio.

AMBOS OS TRIBUNOS
                Não diga que trouxemos.

MENÊNIO
Fomos nós? Nós o amávamos mas, feras
Ou covardes, cedemos à sua massa
E o enxotamos daqui.

COMÍNIO
125   E gritos, temo,
É que o trarão de volta. Túlio Aufídio,
O segundo entre os homens o obedece

Qual simples oficial. E o desespero
É o que em política, força ou defesa,
130 Resta a Roma fazer contra eles.

(*Entra uma tropa de Cidadãos.*)

MENÉNIO
Lá vem a massa.
Aufídio está com ele? São vocês
Que poluíram o ar quando atiraram
Seus gorros fedorentos pra gritar
135 Exílio para Márcio. Ele está aí,
E os fios dos cabelos dos soldados
Serão chibatas. Tantas cristas tolas
Quantos foram gorros irão tombar,
Pagando por seus votos. Não importa,
140 Se nos queimar a todos num carvão,
Nós bem o merecemos.

CIDADÃOS
Essas novas assustam.

1º CIDADÃO
Quanto a mim,
Quando o bani achei que era uma pena.

2º CIDADÃO
E eu também.

3º CIDADÃO
145 E eu também; e para falar a verdade, foi o mesmo com
muitos de nós. O que fizemos, fizemos pelo melhor; e

muito embora consentíssemos de boa vontade que
fosse banido, mesmo assim foi contra a nossa vontade.

COMÍNIO

Grandes coisas, seus votos.

MENÊNIO

Bom trabalho,
Seus ganidos! Vamos ao Capitólio?

COMÍNIO

E o que mais?

(*Saem Comínio e Menênio.*)

SICÍNIO

Agora vão pra casa. Não se assustem;
O lado deles ficaria alegre,
Sendo verdade o que dizem temer.
Vão para casa, e não demonstrem medo.

1º CIDADÃO

Que os deuses sejam bons conosco! Vamos, mestres,
para casa. Eu sempre disse que nós erramos ao bani-lo.

2º CIDADÃO

Nós todos também. Vamos pra casa.

(*Saem os Cidadãos.*)

BRUTUS

Não me agradam tais novas.

SICÍNIO

Nem a mim.

BRUTUS

160 Vamos ao Capitólio. Do que eu tenho,
Dava metade pr'isso ser mentira.

SICÍNIO

Por favor, vamos. (*Saem.*)

Cena VII

(*Entram Aufídio e seu Tenente.*)

AUFÍDIO

Continuam fugindo pro romano?

TENENTE

Não sei que mágica ele tem, porém
A ele é que dão graças os soldados
Antes do rancho e, depois, lhe agradecem:
5 O que deixa o senhor obscurecido
Junto à tropa.

AUFÍDIO

E não há remédio agora.
Senão por meios que, usados, mutilam
Nossos planos. Ele ostenta um orgulho,
Mesmo comigo, inimaginável
10 No abraço inicial. Sua natureza
Não é mutável nisso; e eu aceito
O que é incorrigível.

TENENTE

                Mas queria,
    E mais pelo senhor, que não tivesse
    Feito duplo o comando; antes arcasse
15   O senhor mesmo com a ação, ou então,
    Deixasse-a toda pra ele.

AUFÍDIO

    Compreendo bem, e pode ter certeza
    Que inda haverá acerto; ele não sabe
    O que inda há contra ele. Muito embora
20   Pareça, a ele e ao vulgo (como pensa),
    Que faz todas as coisas como deve,
    Zelando bem pelo Estado dos vólcios,
    Lutando qual dragão e conquistando
    Mal tira a espada. E só falta fazer
25   O que lhe quebra o pescoço — ou o meu
    Quando nós acertamos nossas contas.

TENENTE

    Acredita, senhor, que vença Roma?

AUFÍDIO

    Todos se entregam antes que ele peça,
    E a nobreza de Roma é toda sua.
30   Tem o amor do Senado e dos patrícios;
    Tribuno não é soldado, e o povo
    Será tão desabrido no perdão
    Quanto apressado em bani-lo. E eu penso
    Que ele será pra Roma como a águia
35   Que pega o peixe por soberania.

Ele a serviu mais que bem, mas não soube
Ostentar suas honras. Fosse orgulho,
Que mancha, na fortuna de seus dias,
O homem feliz; fosse erro de critério,
Que o fez perder as oportunidades
De que era senhor; ou por natureza
Incapaz de ser mais do que uma coisa,
Ou de mudar das armas pros coxins,
Ou ser na paz austero como em guerra;
Uma só dessas — e ele sabe a todas,
Não que as tenha todas, disso eu ouso
Isentá-lo — bastou pra ser temido,
Odiado, banido: mas com mérito
Pra calar todos. As nossas virtudes
Vão da interpretação que dá o tempo,
E o poder, aprazível pra si mesmo,
Não tem tumba melhor que uma cadeira
Pr'onde gritar os seus feitos.
Fogo expulsa fogo, um prego, o outro:
Direitos por direitos tudo abalam,
As forças outras forças avassalam.
Caio, se em Roma tens triunfo teu
Estás de azar e em breve serás meu. (*Saem.*)

Ato V

Cena I

(*Entram Menênio, Comínio, Sicínio, Brutus — os dois Tribunos —, com outros.*)

MENÊNIO
    Não vou: já sabem o que ele proclamou
    Sobre o antigo general que o amava
    De coração. A mim chamava pai,
    E daí? Vão vocês, que o exilaram;
5   Bem longe, antes da tenda, de joelhos,
    Comecem a implorar. Não; se não quis
    Ouvir Comínio, eu fico em minha casa.

COMÍNIO
    Não quis me conhecer.

MENÊNIO
                  Ouviram isso?

COMÍNIO
    Outrora me chamava pelo nome.
10 Lembrei nossa amizade, e todo o sangue

Que juntos derramamos. Recusou-se
A usar "Coriolano" ou outro título:
Virou um nada, uma coisa sem nome,
Até forjar novo nome com o fogo
De Roma em chamas.

MENÉNIO

15   Trabalharam bem!
Dois tribunos baixaram, para Roma,
O preço do carvão: tarefa nobre!

COMÍNIO

Lembrei-o quão real é o perdão
Quando é inesperado. Respondeu
20   Que era pedido pífio que o Estado
Fazia a quem punira.

MENÉNIO

                 Muito bem.
Podia dizer menos?

COMÍNIO

Procurei despertar algum respeito
Por seus amigos. E ele respondeu
25   Ser impossível destacar uns poucos
Numa pilha de lixo. E que é tolice
Por poucos grãos deixar de queimar tudo,
Preservando o fedor.

MENÉNIO

                Por poucos grãos?
Sou um deles; sua mãe, mulher e filho,

30 E este bravo, também: somos o trigo;
Vocês, joio mofado, que só assa
Pra lá da lua. Por vocês queimamos.

SICÍNIO
Tenha paciência. Se recusa ajuda,
Quando ela é tão precisa, não nos puna
35 Co'o nosso desespero. Com certeza
Se falar pela pátria, a sua língua,
Mais do que a tropa que improvisarmos
Pode fazer parar nosso patrício.

MENÊNIO
Não, não me meto.

SICÍNIO
Vá procurá-lo.

MENÊNIO
40 Pra fazer o quê?

BRUTUS
Tentar ver o que pode o seu amor
Por Roma, junto a Márcio.

MENÊNIO
E se esse Márcio
Me devolve, como fez com Comínio,
Sem ser ouvido; o que teremos?
45 Só um amigo tristonho, machucado
Por tal crueldade? E então?

SICÍNIO
Mesmo assim

Roma lhe será grata, já que o gesto
Teve boa intenção.

MENÉNIO

                Eu o farei.
Creio que me ouvirá. Mas fazer pouco
50   E rosnar pra Comínio desanima.
Não foi a hora certa; não jantara;
Co'as entranhas vazias o sangue gela;
Por isso de manhã fazemos bico,
Sem dar nem perdoar; mas quando enchemos
55   Os tubos que transportam nosso sangue
Com vinho e iguarias, nossas almas
Ficam mais dóceis do que nos jejuns.
Por isso esperarei que se alimente
Para então atacá-lo.

BRUTUS

60   Sabe o caminho pra bondade dele,
Não se há de perder.

MENÉNIO

                Eu vou tentar
Dê no que der. Em breve eu saberei
Se sucedi. (*Sai.*)

COMÍNIO

    Não vai ouvi-lo.

SICÍNIO

            Não?

COMÍNIO

'Stá em trono de ouro, os olhos rubros

     Só querem queimar Roma; e a sua injúria
     Cerceia sua piedade. Ajoelhei-me:
     Mal sussurrou "Levante", e despediu-me,
     Assim co'a mão, sem falar. O que quis,
     Mandou-me por escrito: o que negava,
     E a rendição com suas condições:
     Toda esperança é vã
     A não ser que a nobre mãe e a esposa,
     Que, ao que soube, irão solicitar-lhe
     Piedade pro país. Portanto, vamos
     Incitá-las a agir com a maior pressa. (*Saem.*)

Cena II

(*Entra Menênio para Sentinelas ou Guardas.*)

1º SENTINELA
    Alto! De onde vem?

2º SENTINELA
              Alto, e para trás!

MENÊNIO
    São bons guardas. E é bom. Mas, com licença,
    Represento o Estado e aqui venho
    Falar com Coriolano.

1º SENTINELA
              De onde?

MENÊNIO

                        Roma.

1º SENTINELA

5   Não passa; volte; o nosso general
De lá não ouve mais nada.

2º SENTINELA

    Verá em chamas sua Roma antes
De falar com Coriolano.

MENÊNIO

                    Meus caros,
Se o general já lhes falou de Roma
10   E seus amigos lá, é aposta ganha
Que ouviram meu nome; eu sou Menênio.

1º SENTINELA

    Que seja, volte: é sem valor seu nome
Aqui, pra dar passagem.

MENÊNIO

                    Pois lhe digo
Que o general me ama. Eu sempre fui
15   O livro de seus feitos, em que os homens
Leram sua grande fama, até ampliada;
Eu sempre retratei os meus amigos,
Dos quais ele é o maior, na ampliação
Possível sem mentira. Não, por vezes,
20   Como bola atirada em chão traiçoeiro,
Lancei longe demais, e em meus louvores
Autentiquei o falso. Assim, meu caro,
Permita-me passar.

1º SENTINELA

    Na verdade, senhor, se contasse tantas mentiras em favor dele quantas emitiu em seu próprio, não passaria aqui; não, nem que mentir fosse tão virtuoso quanto a castidade. Portanto, vá embora.

MENÊNIO

    Por favor, homem, lembre-se que meu nome é Menênio, sempre entusiasta do partido de seu general.

2º SENTINELA

    Mesmo que tenha sido o mentiroso dele, como diz que foi, eu — que digo a verdade sob as ordens dele — tenho de dizer que não pode passar. Portanto, volte.

MENÊNIO

    Sabe se ele já ceou? Pois eu só gostaria de falar com ele depois da ceia.

1º SENTINELA

    O senhor é romano, não é?

MENÊNIO

    Sou, assim como o seu general.

1º SENTINELA

    Então deveria odiar Roma, como ele. O senhor pode, depois de empurrar para fora de suas portas o próprio defensor delas e, com violenta ignorância, dar ao inimigo o seu escudo, pensar em confrontar a vingança dele com os gemidos fáceis das velhas, as súplicas de suas filhas, ou com a intercessão paralítica de um senil decadente como o senhor parece ser? Pensa que pode apagar o incêndio pronto para deixar sua cidade em chamas, com fôlego tão fraco quanto esse? Não, está enganado; portanto, volte para Roma, e prepare-se para sua execução. Está condenado; nosso general já os sentenciou para além de comutação ou perdão.

MENÊNIO

Malandro, se o seu capitão soubesse que estou aqui, ele me trataria com estima.

1º SENTINELA

Ora vamos, o meu capitão não o conhece.

MENÊNIO

Eu falo de seu general.

1º SENTINELA

Meu general pouco se importa com o senhor. Volte, digo eu; vá-se embora: senão derramo seu meio-litro de sangue. Vá embora; essa é sua melhor proposta.

MENÊNIO

O que é isso, homem...

(*Entram Coriolano e Aufídio.*)

CORIOLANO

O que é que há?

MENÊNIO

E agora, homem, eu respondo por você; vai saber agora como sou estimado; vai compreender que um João Ninguém não usa o posto para me afastar de meu filho Coriolano. Deduza, só por como ele me recebe,

se você não está ameaçado de forca ou de alguma
morte ainda mais longa de expectativa e mais cruel no
sofrimento. Agora olhe, e desmaie pensando no que
lhe há de vir. (*para Coriolano*) Que os deuses gloriosos
tenham sínodos de hora em hora sobre sua prospe-
ridade pessoal, e não o amem menos do que o faz seu
velho pai Menênio! Meu filho, meu filho, estás
preparando fogo para nós: olha aqui, eis a água para
apagá-lo. Foi difícil convencer-me de vir a ti, porém
garantiram-me que só eu poderia comovê-lo. Fui
atirado para fora de tuas portas com suspiros, e te
conclamo a perdoar Roma e teus súplices compa-
triotas. Que os bons deuses atenuem tua ira, e voltem
seus restos para este crápula aqui — este que, como
barreira, negou-me acesso a ti.

CORIOLANO
Fora!

MENÊNIO
Como? Fora?

CORIOLANO
Eu não conheço esposa, mãe ou filho.
Agora eu sirvo outros. Se a vingança
É minha só, conceder um perdão
Recai em peitos vólcios. Velhos laços
Terão veneno de um olvido ingrato
Mais que atenção compassiva. Então, vá.
Minha surdez é mais forte a seus rogos
Que suas portas à tropa. Como o amei,
Leve isto, que escrevi por sua causa,

E ia mandar. (*Dá-lhe uma carta.*) Nem mais uma palavra
Lhe quero ouvir, Menênio. Este homem, Aufídio,
Em Roma amei. Porém tu vês agora.

AUFÍDIO
É preciso manter tal firmeza.

(*Saem Coriolano e Aufídio.*)
(*Permanecem Sentinelas.*)

1º SENTINELA
Seu nome então, senhor, é Menênio?

2º SENTINELA
É encantamento, como viu, de grande força. Acho que conhece o caminho para casa.

1º SENTINELA
Ouviu como fomos escorraçados por manter vossa grandeza afastada?

2º SENTINELA
Que razões tenho eu para desmaiar?

MENÊNIO
Não me importo nem com o mundo e nem com o seu general. Quanto a coisas como vocês, mal penso que existam, de tão mesquinhas. Aquele que tem vontade de morrer por si mesmo, não o teme de outro: que o seu general faça o que quiser. Quanto a vocês, que sejam o que são por muito tempo, e que sua miséria aumente com a idade. Digo a vocês o que a mim disseram. E me vou! (*Sai.*)

1º SENTINELA
>Um homem nobre, isso eu não nego.

2º SENTINELA
>Mas valoroso é o nosso general: ele é a rocha, o carvalho que os ventos não abalam. (*Saem.*)

Cena III

(*Entram Coriolano e Aufídio com outros.*)

CORIOLANO
>Amanhã postaremos nossas hostes
>Ante os muros de Roma. Meu parceiro
>De ação, deve dizer aos nobres vólcios
>Como atuei de forma clara e lisa
>Nesta empreitada.

AUFÍDIO
5 >   Apenas os seus fins
>O senhor respeitou, ficando surdo
>A rogos romanos, e nem permite
>Um sussurro secreto, nem de amigos
>Que o pensavam seguro.

CORIOLANO
>   O último velho
10 >Que eu devolvi com o coração partido,
>Com amor mais que de pai, chegava até
>A endeusar-me. Foi recurso extremo

Mandá-lo aqui; e por amá-lo outrora
(com aspecto irado) ofereci de novo
15　As condições que eles já recusaram,
E não há de aceitar, só como graça
A quem sonhou poder mais. Quase nada
Cedi a eles. Novas embaixadas,
Venham elas do Estado ou dos amigos,
20　Não ouço mais. (*gritos fora*) Mas que gritos são esses?
Serei tentado a quebrar minha jura
No momento em que a faço? Eu me recuso.
(*Entram Virgília, Volúmnia, Valéria, o jovem Márcio, com Criadagem.*)
Na frente minha esposa: logo após
O molde deste tronco, e pela mão
25　O neto de seu sangue. Fora, afeto!
Que todo laço natural se acabe!
Que seja a obstinação, hoje, virtude.
Que são mesura? Ou o olhar
Que faz deuses traidores? Eu fraquejo,
30　Não sou mais que ninguém. Minha mãe curva-se,
Como o Olimpo em gesto suplicante
A um formigueiro; e o meu filho, menino,
Implora com o olhar que a natureza
Grite "Não negue". Que os vólcios
35　Arrasem Roma, horrorizando a Itália;
Não ajo só de instinto, como os gansos;
Antes qual homem autor de si mesmo,
Sem parentes.

VIRGÍLIA
　　　　　Meu marido e senhor!

CORIOLANO
>   Eu não olhava Roma com estes olhos.

VIRGÍLIA
40   A dor que nos exibe assim mudados
>   O faz pensar assim.

CORIOLANO
>   Qual mau ator
>   Esqueci meu papel, e esse branco
>   É o meu fracasso. O melhor de mim mesmo
>   Me perdoa a tirania; mas não digas
45   "Perdão para os romanos". Ai, um beijo
>   Longo de exílio e doce de vingança!
>   Esse beijo, de ti – juro por Juno –
>   Eu levei, minha amada; e o lábio fiel
>   'Stá virgem desde então. Fico falando
50   E deixo sem saudar a mãe mais nobre
>   Do mundo inteiro. À terra, meu joelho,
>   (*Ajoelha-se.*)
>   E deixa ali impressão mais profunda
>   Que a de outros filhos.

VOLÚMNIA
>   De pé para a bênção!
>   Enquanto que em coxins só de cascalho
55   Eu me ajoelho pra prova indevida
>   Que o dever andou sempre confundido
>   Entre filhos e pais.
>   (*Ajoelha-se.*)

CORIOLANO
>   Mas o que é isso?

            Joelhos, ante o filho repreendido?
            Então que os grãos das areias famintas
60   Ataquem as estrelas. E que os ventos
            Firam com altivo cedro o sol em chamas,
            Destruindo limites pra fazer
            Tarefa leve do que era impossível!

VOLÚMNIA
            É o meu guerreiro!
65   Eu te formei. Conheces esta dama?

CORIOLANO
            A nobre irmã de Publicola,
            Lua de Roma, pura como o floco
            Nascido da branca neve do templo
            Que honra Diana. Querida Valéria!

VALÉRIA
70   Este é um pequeno resumo de ti
            Que, com o passar do tempo necessário,
            Há de ser como tu.

CORIOLANO
                        Que o deus das armas
            Venha a formar, com a permissão de Júpiter,
            Tua mente com nobreza, pra deixar-te
75   À prova de vergonha e, quando em guerra,
            Qual grande bóia nas ondas revoltas,
            Salvação de quem te olhar.

VOLÚMNIA
                        De joelhos!

CORIOLANO
>O meu bravo menino!

VOLÚMNIA
>Pois ele mesmo, a tua esposa e eu
>Somos teus súplices!

CORIOLANO
80 >Por favor, paz!
>Se pedirem, será lembrado disto:
>O que jurei negar não pode nunca
>Ser tido por recusa. Não supliquem
>Que eu debande essa tropa, ou inda trate
85 >Com artesãos romanos. Não me chamem
>De antinatural, e nem pretendam
>Atenuar-me a ira e a vingança
>Com suas razões frias.

VOLÚMNIA
>Chega, chega.
>Já disseste que não concedes nada,
90 >Pois nada temos a pedir senão
>O que já nos negaste. Se o pedimos,
>É pra que, fracassando a nossa súplica,
>Culpada seja a tua crueldade.
>Ouve-nos, portanto.

CORIOLANO
95 >Ouçam, Aufídio e vólcios, pois não quero
>Ter segredos romanos. Que desejam?

VOLÚMNIA
>Se ficássemos mudos, em silêncio,

190

Nossos corpos e vestes mostrariam
Como vivemos desde o teu exílio.
100 Reflete como somos infelizes,
Mais do que todos os seres: só rever-te,
Que devia fazer com que estes olhos
Se enchessem de alegria, os corações
Vibrassem consolados, ao contrário,
105 Nos impele a chorar, cheios de medo,
Fazendo a mãe, a esposa e o filho verem
Filho, marido e pai estraçalhando
As entranhas da pátria. E a nós, os pobres,
Teu ódio é mais horrível, pois impede
110 Nossas preces aos deuses, um conforto
Que todos compartilham, menos nós.
Como é que poderemos fazer súplicas
Por nossa pátria, à qual somos ligados,
E erguer preces aos céus por tua vitória –
115 À qual estamos presos? Ai de nós,
Teremos de perder a pátria amada
Ou bem a ti, que és nosso apoio nela.
Teremos de enfrentar uma catástrofe
Qualquer lado que vença, pois teremos
120 A ti como estrangeiro renegado,
Arrastando grilhões por nossas ruas,
Ou ver-te-emos passar sobre esta terra
Em triunfo, carregando a glória e a palma
Por teres derramado bravamente
125 O sangue de tua esposa e de teu filho.
Quanto a mim, não pretendo estar à espera
Do destino até que ele se decida:

Se não puder, meu filho, persuadir-te
A perdoar nobremente ambas as partes,
130 Em vez de procurar a morte de uma,
Não marcharás para assaltar a pátria –
Juro que o não farás – senão pisando
Sobre o ventre materno que te trouxe
A vida de que gozas neste mundo.

VIRGÍLIA

135 E o meu, o gerador desse menino
Guardião do teu nome.

MENINO

                       Em mim não pisas;
Eu fujo, até crescer para lutar.

CORIOLANO

Pra não sentir ternura feminina
Não posso olhar o filho nem as duas.
Já demorei demais.

(*Levanta-se.*)

VOLÚMNIA

140   Não, não nos deixes.
Fosse acaso intenção de nossa súplica
Pra salvar os romanos destruir
Os vólcios a que serves, poderias
Dizer que envenenamos tua honra;
145 Mas só pedimos que os reconcilies:
Poderão vólcios dizer "Perdoamos!",
E os romanos "Tal graça recebemos",

E ambos, ao louvar-te, gritariam
"Abençoado o que nos trouxe a paz!"
150 Tu sabes, grande filho, que é incerto
O fim da guerra; porém isto é certo:
Se vences Roma o lucro que assim colhes
Será um nome pra sempre maldito,
Com a história dizendo: "Um homem nobre,
155 Cuja última ação destruiu tudo,
Arrasou seu país e fez seu nome
Pra sempre abominado". Fala, filho:
Tu aspiraste à mais altiva honra,
Para emular as graças que têm deuses,
160 Rasgar com a trovoada os amplos ares,
E desfrechar com teu enxofre um raio
Que abra em dois o carvalho. Tu não falas?
Crês ser honroso para um homem nobre
Remoer injustiças? Filha, fala:
165 Teu pranto não o agrada. Fala, neto:
Quem sabe o tom da infância o toque mais
Que nossas razões frias. Não há homem
Mais preso à mãe: no entanto, eu matraqueio
Como um mendigo. Nunca em tua vida
170 Mostraste à mãe querida cortesia
Quando a coitada, sem outra ninhada,
Cacarejou-o pra guerra e, na volta,
Cumulou-o de honras. Diz injusto
Meu pedido e rejeita-me; se não,
175 Não és honesto, e os deuses te maldizem
Por me privares daqueles deveres
Que são quota da mãe. Ele se afasta.

Pra baixo, damas: e que os nossos joelhos
O envergonhem, já que há mais orgulho
No nome Coriolano que piedade
Em nossas preces. Pra baixo! Pra acabar:
Este é o fim. Vamos pra casa, em Roma,
Pra morrer entre amigos. Vê aqui:
O filho, sem saber o que pedir,
De joelhos ergue as mãos junto conosco
E apóia o que pedimos com mais força
Que a que tens pra negar-nos. Vamos logo!
Era uma vólcia a mãe desse sujeito;
Sua mulher está em Corioli,
E a semelhança do pequeno é acaso.
Vamos, enxota-nos. Fico em silêncio
Até Roma queimar e só então
Eu falarei um pouco.

CORIOLANO (*Toma-lhe a mão em silêncio.*)
           Mãe, ó mãe!
O que fez? Veja como os céus se abrem,
E os deuses, vendo esse quadro anormal,
Se riem dele. Ai, mãe, ai minha mãe!
Pra Roma conquistou bela vitória;
Mas sobre o seu filho, creia, creia,
Prevaleceu só com grande perigo,
Ou talvez morte pra ele. Que venha.
Aufídio, sem poder fazer mais guerra,
Eu quero elaborar paz conveniente.
Em meu lugar, bom Aufídio, ouviria
Menos sua mãe? Concederia menos?

AUFÍDIO
    Eu fui tocado.

CORIOLANO
205   Ouso jurar que sim:
Não é pouco, senhor, fazer-me os olhos
Gotejarem compaixão. Mas, senhor,
Diga que paz fará. De minha parte,
Não vou pra Roma; volto com o senhor:
210 E por favor apóie a minha causa.
Ai, mãe, ai esposa!

AUFÍDIO (*à parte*)
    Alegro-me que ponha honra e perdão
Em pontos separados. Com esse fato
Eu refaço a fortuna.

CORIOLANO (*para Volúmnia e Virgília*)
                Mais um instante.
215 Mas vamos beber juntos, e hão de ter
Testemunho mais forte que palavras
Que, indo tudo bem, assinaremos,
Venham, entrem conosco. Bem merecem
Que lhes façam um templo. As espadas
220 Da Itália inteira, mais seus aliados,
Não fariam tal paz. (*Saem.*)

Cena IV

(Entram Menênio e Sicínio.)

MENÊNIO
Vê ali aquele canto do Capitólio, aquela pedra de quina?

SICÍNIO
Por quê? Que tem ela?

MENÊNIO
Se lhe for possível movê-la com seu dedo mínimo, haverá esperanças de que as damas romanas, em particular a mãe dele, possam persuadi-lo. Porém eu digo que não há esperança alguma; nossas gargantas estão condenadas e só esperam a execução.

SICÍNIO
Será possível que tão pouco tempo possa alterar o caráter de um homem?

MENÊNIO
Há diferença entre a lagarta e a borboleta; porém a borboleta foi lagarta. Esse Márcio cresceu de homem para dragão: ele tem asas; é mais do que uma coisa que se arrasta.

SICÍNIO
Ele amava muito a mãe.

MENÊNIO
E a mim também; e agora não se lembra mais da mãe

do que se lembra um cavalo de oito anos. A secura de
seu rosto faz amargas as uvas maduras. Quando anda,
move-se como um motor e o chão se encolhe diante
de seu passo. É capaz de atravessar uma armadura com
os olhos, sua fala é como um dobre, seu murmúrio um
aríete. Senta-se em seu trono como coisa feita para
Alexandre. O que pede que façam está feito quando
acaba o pedido. De um deus só lhe falta a eternidade e
um céu no qual entronizar-se.

SICÍNIO

Que tenham piedade de nós, se o descreve com verdade.

MENÉNIO

Eu o pintei segundo seu caráter. Não há mais misericórdia nele do que leite em um tigre macho; é o que irá descobrir nossa pobre cidade; e tudo por causa de vocês.

SICÍNIO

Que os deuses nos sejam bons.

MENÉNIO

Não, em casos assim os deuses não são bons para nós. Quando o banimos nós não os respeitamos; e quando ele volta para nos partir os pescoços, eles não nos respeitam.

(*Entra um Mensageiro.*)

MENSAGEIRO

Senhor, se quer salvar-se, vá pra casa.
O povo já agarrou o outro tribuno,

E arrastou por aí, sempre jurando
Que se as damas não trazem boas novas,
O matarão aos poucos.

(*Entra outro Mensageiro.*)

SICÍNIO

      O que é que há?

2º MENSAGEIRO

 Boas novas! As damas conseguiram,
40 Os vólcios recuaram, Márcio foi-se.
 (*Sai Séqüito.*)
 Roma jamais viu dia tão alegre,
 Nem quando viu expulsos os Tarquínios.

SICÍNIO

 Amigo, isso é verdade? Está bem certo?

2º MENSAGEIRO

 Tão certo quanto o sol estar em chamas.
45 Onde escondeu-se, para duvidá-lo?
 Jamais jorrou maré por qualquer arco
 Como esse conforto pelas portas.
 (*trompas, oboés, tambores, todos juntos*)
 As trompas, baixos, saltérios e flautas,
 Os tamborins, os címbalos e os gritos
 Fazem o sol dançar. Ouçam!

(*gritos fora*)

MENÊNIO
50   Que novas!

>   Vou receber as damas. Só Volúmnia
>   Vale de cônsules, Senado e nobres,
>   Uma cidade inteira; e, de tribunos,
>   O mar e a terra. Hoje rezaram bem.
> 55 De manhã, por dez mil de suas gargantas,
>   Eu não dava um vintém. Mas que alegria!

(*mais som de gritos*)

SICÍNIO
>   Que os deuses o abençoem pelas novas:
>   E aceite, mais, a minha gratidão.

2º MENSAGEIRO
>   Temos todos razão pra sermos gratos.

SICÍNIO
>   'Stão perto da cidade?

2º MENSAGEIRO
> 60   Quase entrando.

SICÍNIO
>   Iremos recebê-las, com alegria. (*Saem.*)

Cena V

(*Entram dois Senadores, com as Damas Volúmnia, Virgília e Valéria, cruzando o palco, com outros Nobres.*)

1º SENADOR
>   Eis nossa padroeira, a própria Roma!

Convoquem suas tribos, louvem deuses,
Façam fogueiras, cubram-nas de flores;
Cale-se o grito que baniu a Márcio;
5 Anulem-no com a recepção à mãe.
Gritem "Bem-vindas, senhoras, bem-vindas!"

TODOS

Bem-vindas, senhoras,
                        Bem-vindas!

(*Clarinada de trompas e tambores. Saem.*)

Cena VI

(*Entra Túlio Aufídio, com Séqüito.*)

AUFÍDIO

Vão avisar aos nobres que aqui estou.
Dêem-lhes este papel. Depois de lê-lo,
Que vão para o mercado aonde eu,
Aos ouvidos de nobres e comuns,
5 Contarei a verdade. O que eu acuso
Já adentrou os portos da cidade,
E pretende aparecer ante o povo
Purgando-se de culpa com palavras.
Depressa. (*Saem.*)
(*Entram três ou quatro Conspiradores da facção de Aufídio.*)
10 Bem-vindos sejam.

1º CONSPIRADOR

    Como 'stá o nosso general?

AUFÍDIO

    Qual homem cuja esmola o envenenou
    Ou sua caridade assassinou.

2º CONSPIRADOR

    Senhor, se ainda tem os objetivos
15 Aos quais nos convocou, nós o livramos
    De seu grande perigo.

AUFÍDIO

                   Inda não sei.
    Temos de agir segundo quer o povo.

3º CONSPIRADOR

    O povo ficará incerto enquanto
    Divergirem dois comandos; se um cai,
    Do outro faz seu herdeiro.

AUFÍDIO

20   Isso eu bem sei,
    E meu pretexto pra abatê-lo engloba
    Um bom motivo: ao fazê-lo, empenhei
    Minha honra por ele que, elevado,
    Regando as novas plantas com lisonjas,
25 Seduziu meus amigos. Pr'esse fim,
    Dobrou sua natureza, conhecida
    Até então por rude, altiva e livre.

3º CONSPIRADOR

    Senhor, sua teimosia

Quando perdeu a eleição pra cônsul
Por não curvar-se...

AUFÍDIO
30   Eu hei de mencioná-la.
Banido, ele buscou-me em minha casa,
Oferecendo a goela à minha faca;
O recebi, o tornei meu parceiro,
Cedi aos seus desejos; cheguei mesmo
35 A deixá-lo escolher, nas minhas tropas,
Pr'os seus desígnios os melhores homens;
Servi-o eu mesmo, ajudei-o a colher
A fama que foi só dele; e orgulhei-me
De fazer-me esse mal: até que, enfim,
40 Eu pareci seguidor e não sócio,
Que fosse pago com os seus favores,
Qual mercenário.

1º CONSPIRADOR
                 Assim o fez, senhor.
O exército espantava-se e, por fim,
Quando mandava em Roma, e nós sonhávamos
Co'o butim, assim como co'a glória...

AUFÍDIO
45   Foi isso:
Por isso estou tão firme contra ele;
Por umas gotas dessas que as mulheres
Usam para mentir, vendeu o sangue
De nossa grande ação. Por isso morre,
50 E eu me renovo com a queda. Mas ouçam!

(sons de tambores e trompas, com grandes gritos do povo)

1º CONSPIRADOR

    O senhor nos voltou qual mensageiro,
    Sem boas-vindas; porém ele volta
    Rasgando o ar com sons.

2º CONSPIRADOR

                    E os pobres tolos
    Cujos filhos matou, rasgam as goelas
    Pra glória dele.

3º CONSPIRADOR

55   Para ter vantagem,
    Bem antes que ele fale e toque o povo
    Co'o que dirá, que ele sinta sua espada,
    Que nós apoiaremos. Já caído,
    Quando tivermos seu retrato dele,
60   Enterramos razões e corpo dele.

AUFÍDIO

    Agora chega. Eis que chegam os nobres.

(*Entram os Nobres da cidade.*)

TODOS OS NOBRES

    Seja bem-vindo ao lar.

AUFÍDIO

                Não o mereço.
    Mas, digníssimos senhores, já leram
    O que lhes escrevi?

TODOS OS NOBRES

            Já.

1º NOBRE

65 E o lamento.
Seus erros anteriores, creio eu,
São penas leves. Porém terminar
No ponto de partida, e abrir mão
De bens pras nossas tropas, concedendo
70 O que já era nosso; negociando
Com quem já derrotara, é imperdoável.

AUFÍDIO
Aí vem ele: hão de ouvir o que diz.

(*Entra Coriolano, marchando com tambores e bandeiras, com os Comuns a acompanhá-lo.*)

CORIOLANO
Ave, senhores; volto um seu soldado,
Tão livre da infecção do amor da pátria
75 Quanto quando os deixei, sempre submisso
Ao seu grande comando. E agora saibam
Que prosperou o que eu empreendi
E que com sangue levei suas tropas
Até as portas de Roma. Só em pilhagem
80 Trouxemos farto terço das despesas
De toda a ação. E fizemos a paz
Com tanta honra para os Antiates
Quanto vergonha pra Roma; e ora aqui
Assinado por nobres e por cônsules,
85 Junto com o selo do Senado eu trago
O negociado.

AUFÍDIO

                Não o leiam, nobres;
Mas digam ao traidor até que ponto
Abusou dos seus poderes.

CORIOLANO

    Traidor? Como?

AUFÍDIO

               Sim, traidor, Márcio.

CORIOLANO

                          Márcio?

AUFÍDIO

90   Sim, Márcio, Caio Márcio! Ainda pensa
Que lhe concedo o nome que furtou,
Coriolano, em Corioli?
Nobres e governantes, com perfídia
Traiu-nos ele a causa, concedendo
95   Por uns pingos salgados, a sua Roma,
Sim, digo "sua", a sua esposa e mãe;
Quebrando jura e planos como fossem
Um nó de seda podre, sem consulta
Ao conselho da guerra: só por prantos
100 Ele entregou, aos gritos, sua vitória,
Envergonhando os pajens e deixando
Os homens, espantados, se entreolhando.

CORIOLANO

    Ouviste, Marte?

AUFÍDIO

    Não fale em deuses, guri chorão.

CORIOLANO

                     Ha!

AUFÍDIO
105   Chega.

CORIOLANO
       Meu coração, nessa mentira imensa,
       Explode o que o continha. "Guri!" Crápula!
       Perdão, senhores, se por vez primeira
       Eu precise imprecar. O seu critério
110 Desmentirá o cão; e a mente dele
       Que leva em si as marcas de meus golpes,
       E há de levar pra tumba as minhas surras,
       Também o chamará de mentiroso.

1º NOBRE
       Silêncio, ambos, e ouçam-me falar.

CORIOLANO
115 Vólcios, moços e velhos, me estraçalhem,
       Manchem em mim suas lâminas. Guri!
       Falso cão, hás de ver, em anais certos,
       Que qual águia em pombal eu arrasei
       De vez seus vólcios lá em Corioli.
       Eu sozinho! Guri!

AUFÍDIO
120   Nobres senhores,
       Terão de ser lembrados desse transe,
       Que os humilha, por esse fanfarrão

Diante de seus olhos?

TODOS OS CONSPIRADORES
>Que ele morra!

TODO O POVO
> Cortem logo em pedaços! Já! Agora!
> Matou meu filho e filha! Ele matou
> Marcos meu primo! Ele matou meu pai!

2º NOBRE
> Paz! Nada de ultrajes, paz!
> Ele é um nobre, e sua fama se espalha
> Por toda a terra. O seu crime final
> Deve ser bem julgado. Pare, Aufídio,
> E não perturbe a paz.

CORIOLANO
>Ah, se o pegasse,
> Com seis Aufídios mais, e toda a tribo,
> Com minha espada legal.

AUFÍDIO
>Vil insolente!

TODOS OS CONSPIRADORES
> Matem, matem, matem, matem, matem!

(*Os Conspiradores puxam das espadas e matam Márcio, que cai; Aufídio pisa o corpo.*)

NOBRES
> Parem, parem, parem!

AUFÍDIO

    Meus nobres amos, permitam que eu fale!

1º NOBRE

    Ah, Túlio!

2º NOBRE

    Fizeste um feito frente ao qual o valor há de chorar!

3º NOBRE

    Não pisem nele. Mestres, todos quietos!
140   Guardem as armas.

AUFÍDIO

    Senhores, ao saberem (nesta ira
    Provocada por ele não o podem)
    O perigo que a vida desse homem
    Lhes preparava, ficarão alegres
145   Só por vê-lo ceifado. Se os apraz,
    Me chamem ao Senado, onde me entrego
    Como servo leal, ou me sujeito
    Às mais graves censuras.

1º NOBRE

                    Levem logo
    O corpo pra velá-lo. Que ele seja
150   O cadáver mais nobre que um arauto
    Levou à urna.

2º NOBRE

              A impaciência dele
    Tira de Aufídio parte de sua culpa.
    Façamos o possível.

AUFÍDIO
>Foi-se a ira,
E a dor me atinge. Podem levantá-lo.
155 Que os melhores soldados ajudem.
Eu serei um. Tambores, rufem luto;
Que se invertam as lanças. A cidade
Ele coalhou de órfãos e viúvas,
Que nesta hora choram o sofrido,
160 Mas mesmo assim ele por nobre é tido.
Ajudem.

(*Saem, carregando o corpo de Márcio. Soa uma marcha fúnebre.*)

Este livro foi impresso na cidade de São Paulo,
em setembro de 2004, pela Prol Gráfica.
para a Editora Nova Aguilar.
O tipo usado no texto foi Bembo 11/13.
Os fotolitos de miolo e capa foram feitos
pela Definicolor.
O papel de miolo é off-set 75g.
e o da capa Cartão supremo 250g.